暴力

特定文化與政經環境下的集體認同

A Very Short Introduction

Violence

PHILIP DWYER

菲力普・德懷爾
著

顏冠睿
譯

目錄

第一章

暴力的過去與現狀

淺談暴力

暴力一詞涵蓋各種攻擊行為，像是父母暴打小孩、伴侶家暴或殺害另一半、幫派人士掃除異己、小伙子起哄性侵女性、軍人或警方凌遲嫌疑犯、童兵被下令殺戮、自殺炸彈客殃及無辜、叛亂份子對車縱火或是村民亂刀砍死鄰居等等。暴力的樣貌千百種，存在於各種社會或文化中，這也讓我們不禁好奇，暴力到底是不是人性的一部分？整個社會都充滿暴力、每個人也都有暴力傾向，但是不同社會或不同人，暴力的程度都不一樣。從古自今，如果人類社會都一直存在著暴力，那麼對我們這個物種來說，暴力代表著什麼？暴力傾向是天生的嗎？還是說人類必須刻意提醒自己參與暴力活動？以前的人是否比現代人更容易出現暴力行為（當然，這取決於我們所討論的文化）？或者說，暴力其實是個社會工具或者具備社會功能，並與該地文化息息相關呢？

本書探討近代暴力的簡史，一路追朔回十八世紀，但如果你想要瞭解特定的暴力行為，可以繼續往前幾個世紀進行研究。同時，本書也會比較現代的暴力與過去有何異同，以及這些差異有什麼重要性。也就是說，我們必須認識暴力，並瞭解暴力在不同地區所呈現的樣貌。要讀懂暴力的前世今生，就要先認知到暴力跟文化高度相關。舉例來說，某一行為在特定社會中不可饒恕；但在其他地方又可能是合情合理的作為。不同社會判定暴力行為的標準不大相同，有些人能夠接受、有些人卻不能接受。如同歷史學家弗西斯卡·洛茲（Francisca Loetz）所言，核心的問題並不是「什麼是暴力？」而是「暴力是如何存在於不同的社會中？」。換句話說，暴力並不是你想的那麼簡單，只是一種你所見到的行為而已，暴力是在特定文化、社會、政經環境下的集體認同。

如何定義「暴力」

每個人對於暴力會有不同的解釋方式，不過無論你怎麼定義它，在你閱讀這段文字的同時，暴力正在世界上其他角落發生。為了瞭解暴力，舉凡暴力的意義、機制、功能和目的等，我們必須要先瞭解自己所生活的世界。這些暴力行為會凸顯出施暴者或施暴團體的背景，或是更宏觀地顯露出施暴者所處的社會環境，像是其國家狀況以及整個體制等等。然而，暴力是個模稜兩可的概念，其定義會隨著時空背景的不同而跟著改變，取決於讀者所處的社會文化或政治風氣。這個概念非常重要，因為「暴力」是整體社會的共同認知。除此之外，不同種類的暴力，像是強姦、殺人、弒嬰、屠殺或種族清洗等，都沒有明確的定義方式，每個人對於該項暴力的真實內涵都有不同的認知。

當人們討論暴力時，普遍會問的問題就是「到底什麼是暴力？」這個問題並沒有明確的解答，要視情況而定。這樣回答聽起來有點輕率，讓我用兩個對於暴力的解釋方式來詳述我的看法，一個定義比較狹隘，而另一個則是比較宏觀。

第一種定義是由荷蘭犯罪學家皮特．斯皮倫堡（Pieter Spierenburg）所提出，他從人類學家大衛．里奇斯（David Riches）那得到靈感，並將暴力定義為

「蓄意的侵犯行為，進而破壞他人身體的物理完整性。」這種對於暴力的概念僅侷限在對他人身體造成肉體上的傷害，而不包含精神暴力或是暴力行為後所產生的心理創傷等等。

第二種比較廣泛的定義方式則是出自世界衛生組織（World Health Organization），其表示暴力就是「蓄意地使用身體的力量或權力，對自身、他人、群體或社會進行威脅跟傷害，造成或極有可能導致損傷、死亡、精神創傷、發育障礙或是權益受到剝奪等等。」這種定義方式不僅將暴力視為身體上的侵犯而已，還包括暴力行為所產生的後續情感傷害以及心理創傷。

在這兩個定義中，重點在於「蓄意」二字，因此暴力行為不包含像是車禍或是意外射擊等過失，而大多數殘暴行為都屬於暴力的範疇，像是戰爭、謀殺、強姦、酷刑、體罰、械鬥、自殺以及由國家主導的暴力行為等等。然而，這兩種定義方式都沒有提到對於非生命物體的破壞，像是在種族清洗過程中，對於受害者的財產或是所處地點的文化遺址所產生的破壞，或者是人們過去幾世紀以來對於野生動物或是整體環境所造成的巨大傷害等。

其他學者則是竭盡所能地補充對於「暴力」的定義，希望能夠增加那些非傳統的暴力行為，像是在現代社會中，強制或是剝削他人的體系，例如奴隸制度、強迫勞動、人口販運、器官買賣，或是對貧窮視而不見，導致窮人身體出現各項疾病或早逝等現象，甚至是資源的過度開發導致環境惡化等等。而部分學者也希望可以拓展「暴力」的範疇，將暴力的定義延伸到種族歧視、監禁行為（包含衍生的生理或心理暴力）、可預防事故或疾病所導致的死亡、虐待行為、殘忍對待動物、工業化屠殺食用動物、霸凌、羞辱或是言語暴力（特別是所說的話導致他人自傷或自殺）等行為。採用宏觀暴力定義的學者們普遍主張暴力不能僅僅討論肉體上的傷害，是否為暴力行為也並不侷限於「蓄意」二字，因為暴力行為所產生的後果常常都不是刻意而為之；就算已經事先預謀暴力行為，其造成的影響往往都可能出乎意料。

有鑑於此，我們可以看出要精準定義「暴力」的難度非常地高，上述關於暴力的廣泛類別也不太可能全部都在這本簡史中進行深入探討。因此，我不得不略過部分討論暴力形式的知名學者，例如最早提出結構性暴力概念的挪威社會學家約翰．加爾東（Johann Galtung）、發展象徵性暴力概念的法國社會學家皮埃爾．布迪厄（Pierre Bourdieu）以及主張所謂「主觀」（高度顯性）以及「客觀」（隱性）暴力有所區隔的斯洛維尼亞哲學家斯拉沃．齊澤克（Slavoj Žižek）等人。這三位學者都對「蓄意」的概念提出質疑，認為暴力不能簡單歸類成肉體上所遭受的經驗而已，特別是暴力行為所產生的結果常常都是意想不到或是意料之外的。

由於本書只是關於暴力的通識讀本，所以我採用比較狹隘的定義方式，主要的討論範圍都會侷限於行為者在有意識的前提下，做出蓄意的暴力行為，因而傷害其他人、其他團體或是社群，導致他人受到損傷或是死亡。我的重點都放在比較外顯的實體暴力行為，像是人際暴力、性別暴力、群體暴力、宗教脅迫、性暴力、犯罪行為或是政治上的暴力活動，其他非實體的暴力形式則不在本書的討論範圍，只會在最後一章快速提及而已。

認識「暴力」的方法

「暴力」的定義百百種，研究暴力的方法論也非常多，主要看你想從哪個領域切入，像是演化心理學家、社會生物學家、人類學家、考古學家、生物考古學家、心理學家、精神病學家、犯罪學家、歷史學家、社會學家、政治學者等等都有關於暴力的相關論述，從人類或動物的起源開始，一直到當代的理論，討論範圍包含暴力的起因、意涵或是所導致的結果等。不論是從哪個學科出發，相關的討論都圍繞在人類是否天生就有暴力傾向，也就是說，暴力特質是否寫在基因裡，是我們演化的一部分；或是說暴力行為跟我們所處的文化或歷史背景息息相關。

對於演化心理學家而言，暴力可以追朔回史前時代，這是我們的生物機制，隨著人類演化了好幾個世紀，我們好鬥的衝動可能源自於生理需求，像是取得食物、其它珍貴資源或是求偶，也可能是為了躲避天敵，所以暴力的習性能夠確保人類順利繁衍。從演化的角度看來，暴力可能是因為生理衝動（動機），所以是基因或是賀爾蒙主宰我們的暴力行為。舉例來說，攻擊他人是一個手段，確保我們可以達成特定的目標，像是取得食物、住所或是配偶。基因本身不會讓人類變暴力，基因只是讓人類有暴力的傾向而已。阿札．加特（Azar Gat）認為演化論的假說跳脫暴力到底是「先天還是後天」的討論，而是強調暴力行為是種策略，有部分是與生俱來，但也有部分是後天習得。也就是說，環境扮演重要的角色，負責影響我們基因的表現。這個理論也成功解釋，因為每個人生長的環境不同，所以某些社會較具有暴力傾向。而某些演化理論學家則更進一步認為，特定的生理特徵會隨著時間發展，並且經過篩選而保留，目的是要確保人類物種得以延續，因此，以某項研究為例，拳頭跟臉部演化至今，為了讓男性在打鬥時，拳頭能對對方造成傷害；而臉則是可以接收攻擊，藉此降低損傷。

然而，生物心理學家並不接受演化心理學的論點，像是安東尼奧．達馬吉歐（Antonio Damasio）與大衛．布勒（David J. Buller）雙雙表示，天擇並不會造成物種產生相同的心理特質。布勒表示，人類的大腦在過去十萬年間出現很大的變化，而演化心理學家並不接受這個看法。不過，最近學界已經不再討論生物特性跟文化是如何改變「暴力」的本質，因為科學家都普遍認同文化所扮演的角色；歷史學家也漸漸接受不同生物特性會影響人類的特定行為。

學者還提出另一種方式，來比較現代人和人類祖先在暴力本質上有何異同，主要透過研究近代所謂的「純」狩獵採集社會，像是澳洲原住民或亞馬遜居民等。從這些研究對象中發現，單看數據而言，原始社會的謀殺率比起現代文明社會高出許多。部分人類學家從該研究結果推定，這些「純」狩獵採集社會應該跟史前時代的原始社會特性十分相似，因此這些地區現今較高的謀殺率應該也如實反映過去的實際樣貌。

對於某些學者來說，根據現代狩獵採集社會的狀況來推斷史前時代的情形頗具爭議，但這些研究卻為人類學界的相關討論注入新的想法。先前人類學家分成兩派，一派認為史前農業社會非常暴力，時常處於戰爭狀態；另一派則挑戰這種概括而論的說法，認為早期人類並不暴力。人類學界與歷史學界過去普遍相信第一派論點，直到勞倫斯・基利（Lawrence Keeley）在一九九六年發表著作〈史前戰事〉（War Before Civilization）帶來新一派研究觀點，這些論述與激辯一直持續至今。基利對於史前時代的衝突與部落間的紛爭提出發人深省的見解，從不同角度檢視考古證據，破除人類學界對於狩獵採集社會是否和平的「迷思」。

其他人類學家，像是道格拉斯・佛萊（Douglas Fry）與布萊恩・佛格森（Brian Ferguson）則質疑基利的論點，並認為早期人類其實不喜歡與人接觸，所以不會有群體間的暴力行為，因此，他們的生活相對平和。根據這些學者的論點，暴力行為或是廣義的「戰爭」（這裡泛指有明確的社會組織性，並且是兩個以上的群體對於其他人採取致命性的集體攻擊行為），到了一萬兩千年前才出現，當時人類剛發展成定居生活，並且開始使用農耕技術。這些討論的癥結點在於對「戰爭」一詞的定義，以及「文化」上的問題，換言之，他們必須要有發起戰爭的動機，而不單只是為了稀缺資源而已。有鑒於此，戰爭可說是錯綜複雜且階層分明的社會產物。現在學界逐漸達成共識，認為群體間的暴力行為（即戰爭）幾乎可以在所有的史前社會中發現，但是目前針對戰爭的頻率、本質、角色以及其重要性則沒有相同的定論。

當然，我們也有考古紀錄。目前，考古學家與生物考古學家會根據兩個東西，討論暴力行為是否存在於遠古時期，第一個就是描述群體間暴力行為的岩畫；而第二個則是過去人類的遺骸，學者會檢視骨骼上是否有外傷（頭部重創、骨折等）或是有武器侵入的跡象，因而導致死亡。但是，大家都知道成功解讀岩畫內容的難度非常高，要判斷骨骸上的損傷成因也是難如登天，因為時間久了，沒辦法確切知道這些傷痕是因為打架，還是因為意外或是其他儀式而造成。目前，已經有多處來自中石器跟新石器時代的「大屠殺現場」在部分歐洲及非洲地區出土（有趣的是，至今還沒在東南亞或東亞發現同一時期的遺跡），但再往前到古石器時代（開始有許多人類生活的時期）就找不到任何講述群體衝突的岩畫或是有明顯外傷的遺骨。

目前關於狩獵採集社會的相關論述部分圍繞在湯瑪斯．霍布斯（Thomas Hobbes, 1588-1679）以及尚—雅各．盧梭（Jean-Jacques Rousseau, 1712-1778）的著作。霍布斯認為人際關係充滿暴力，而這些暴力傾向是社交生活中非常自然且不可或缺的一部分；盧梭則是相信「人性本善」，是整個文明把人類帶壞。但這兩種觀點都站不住腳，人類的暴力傾向並不是非黑即白；人類會有暴力的衝動或是殘暴行為，但是人類也能夠互相合作、攜手共進。事實上，我們現今社會的發展就是仰賴大多數人類和平地與他人互動而成。

社會學家常常會透過歷史，解釋人類的暴力行為。三大著名的暴力理論學家分別是馬克斯．韋伯（Max Weber, 1864-1920）、諾博特．伊里亞思（Norbert Elias, 1897-1990）以及米歇爾．傅柯（Michel Foucault, 1926-1984），稍後我會再跳回來討論他們，不過值得注意的是，這三位在學界扮演舉足輕重角色的暴力理論三巨頭恰巧都是西歐人，他們是現代社會討論「暴力」的核心，也就是說，對於暴力的論述都是站在西方的視角。我們必須用非西方的角度來重新審思「暴力」，但是礙於篇幅，本書仍是只有涵蓋西方為主的觀點；話雖如此，我還是會盡可能涵蓋其他時代或是不同文化的學者。

雖然韋伯、伊里亞思以及傅柯一致認為，暴力跟「懲罰」的歷史發展以及「國家」息息相關，但他們仍使用不同方法認識暴力。韋伯表示，政治是為了取得權力，而權力到頭來還是建立在暴力與脅迫之上，因而，國家就是個充滿脅迫的體制，數百年來都在鞏固所謂的「暴力壟斷」。伊里亞思認為隨著時間推移，再加上司法體系與政治系統的發展越趨複雜，主流社會不再認為陽剛就應該採取暴力，而開始鄙視個人暴力行為，因為這一點都不「文明」。我們必須要將人類本能「內化」，特別是隱藏攻擊行為，這樣一來，整體社會才會跟進。因此，伊里亞思將國家的崛起歸因於個人自制力的發展，也就是控制自我衝動。傅柯則提及，國家在過去會對人民施暴，像是在眾目睽睽之下公開處刑，藉此壓制反抗國家的聲浪，並且加強政府執政的正當性。各類懲罰都必須要公開展示，這是當時執法的唯一途徑。根據傅柯的說法，這類型的暴力最後逐漸被其他紀律權力取代，像是監獄、軍營、學校和工廠等。

對西方來說，暴力是個問題，能夠透過理性思想來解決。許多學者都有這類的想法，像是上述的伊里亞思便是如此，而近代的哈佛大學心理學家斯蒂芬・平克（Steven Pinker）也認為「暴力」的對立面就是「文明」或是「理性」。相反地，對於歷史學家或是歷史社會學家來說，「暴力」幾乎不可能毫無意義，也幾乎不是非理性的；即便對於旁觀者而言，暴力的影響不會立竿見影，它仍然有目的、有功能。但這並不表示說暴力全都是理性而為之，而是說即使看起來是非理性的暴力行為，背後都有原因可以解釋，像是路怒症駕駛、有心理疾病且獨來獨往的槍手、球場上的球迷騷亂等等。

對於許多社會學家或犯罪學家而言，暴力是為了能力證明，像是證明自己有能力對他人造成傷害、有能力將想法強加於人並支配他人、或是有能力可以抵抗，因為暴力也可以是弱勢群體施加於權勢之人。歷史學家認為，「正當性」暴力跟「無正當性」暴力的界線十分模糊，因此沒有區分的必要。舉例來說，納粹德國的衝鋒隊（又稱褐衫隊，Brownshirts）之前就主導所謂的「人民的正義」運動，在一九三〇年代的德國大街上，公開羞辱或辱罵猶太人，或是曾與猶太人發生過關係的女性等等。然而，納粹政府並不一定認可衝鋒隊的作為，但仍選擇包庇，因為這些針對性的暴力行為能夠促進區分德國的種族階層。另一個例子，就是在伊拉克巴格達中央監獄（又稱阿布格萊布監獄〔Abu Ghraib〕）中的美軍，他們在政治和軍事上級知情和批准的前提下，虐待戰俘並施以酷刑，部分做法在冷戰時期就曾出現過。在正常情況下，我們都不會說上述的例子是具有「正當性」的暴力行為。

就上面兩個例子而言，施暴者可能「知道」自己正在從事暴力行為，但卻認為自己的做法是可接受的，甚至覺得他們這麼做是為了順應情勢。「正當性」跟「非正當性」之間的差別通常與法律的性質或是國家的權力比較有關，而非暴力的本質。我們時常忽略一個重要的問題——到底誰可以決定暴力是否具有正當性？這問題非常複雜，尤其是「正當性」的概念延伸到將暴力作為一種實際工具，來達成所謂的「正義」，像是推翻專制政權、驅趕高壓殖民者，或是廢除剝削性的體系等。在這些情況中，暴力行為的確有道德上的必要，而這個過程也能夠拯救他人。

在一九七〇跟一九八〇年代，出現兩種方法討論暴力的歷史脈絡。第一種方法出自於文化史，代表人物為娜塔莉・澤蒙・戴維斯（Natalie Zemon-Davis），她在一九七三年發表創新的論文，討論十六世紀法國的「暴力儀式」。戴維斯從社會象徵意義的角度出發，解釋過去的暴力行為，在這之前，歷史學家普遍認為這些暴力活動是不理性的或是野蠻行徑；而戴維斯所創立的典範為後來的大量暴力文化分析鋪路。另一種方法則是從犯罪社會史的角度切入，著名人物為詹姆斯・夏普（James Sharpe），他是英文世界中提出「暴力史」一詞的重要人物。夏普跟其他一九八〇年代的英國歷史學家聚焦於近代早期的刑事法庭，希望可以透過殺人案件的數量，用數據追蹤逐漸減少的暴力活動，而這個趨勢主要在劍橋大學犯罪學家曼紐爾・艾斯納（Manuel Eisner）的著作中得到證實。

目前的兩種方法，一種聚焦於瞭解暴力的意義並賦予象徵意義；另一種則是根據量化的方法論，都是至今討論暴力的主要方式。當然，不可否認的是，「文化」或「犯罪」之間的界線並非涇渭分明，有時會有重疊的部分，但廣義來看，這兩者都是討論暴力史主要方法論，帶來兩種不同的發展以及研究目標。有些學者會聚焦於不同暴力種類的比率，把重心放在謀殺率、戰爭死亡人數、性侵或家暴案件數等，而他們表示整體暴力行為都有減少的趨勢。

話雖如此，計算某些暴力行為的方式其實是有瑕疵的。暴力的定義就是個問題，像是在不同歷史區間或是不同的司法管轄中，構成謀殺或是性侵的要素都不盡相同；而這些來源數據是否可靠又是另一個問題，況且每個人對於這些數據都有不同的詮釋方式。要跨越時空找出模式、趨勢或是變化至關重要，大多數的親密暴力都在檯面下，當局所取得的案件數都可能是低報的。除此之外，量化暴力並不一定精準，無法讓我們看出某一時期中，社會上大大小小暴力事件的全貌。另一方面，也有學者偏好關注暴力的文化詮釋，並希望可以瞭解暴力的意義與形式。暴力通常變成溝通或表現的工具，不論是否具有正當性，常常拿來代表男子氣概。

接下來，我會將特定種類的暴力放在大的文化框架下探討，這個框架跟暴力之間並沒有因果關係，而是拿來幫助我們理解暴力事件發生時的狀況。基本的假設是，若要瞭解暴力，我們就必須要分析暴力行為背後的想法、價值以及文化習俗等。

所以，在本書中提到的「暴力」，並不只是某一暴力活動或事件，而是一連串過程下的產物，而這過程與暴力行為發生時的個人、社會、文化、宗教、政治等環境息息相關。

暴力為何只存在於過去？

現代人們普遍有個想法（迷思），認為在古代、中世紀或是較早期的社會都比較殘暴，並覺得過去的人都對死亡麻木、容易動怒，而且動不動就要訴諸暴力以解決爭端。好像時間回推的越早，人們就應該越暴力。

這類想法也出現在最近政治學家的著作中，像是約翰．穆勒（John Mueller）、阿札．加特（Azar Gat）、約書亞．戈爾茨坦（Joshua Goldstein）以及演化心理學家斯蒂芬．平克（Steven Pinker）等。這些學者認定，過去幾個世紀的暴力事件不斷減少，特別是在二十世紀，傳統戰爭的數量下降、戰爭死亡人數也變少；另外，西歐國家中的謀殺率，跟十三世紀的高峰相比也明顯下滑。他們通常會使用大致還算準確的西歐國家謀殺率以及戰爭的死亡人數，以表示某一社會的整體暴力情況，而這個論點頗具爭議，我稍後會再回來詳細說明。但我們也可以發現，幾乎所有認定暴力行為數量減少的學者都不是歷史學家，唯一的例外就是皮特・斯皮倫堡（Pieter Spierenburg），他的背景包含歷史學、犯罪學跟社會學。這些理解上的差異通常集中於對過去的歷史詮釋，以及使用統計數據來證明暴力的程度等。以平克與艾斯納為例，兩位學者都使用數據來假設過去的社會充滿血腥暴力；一直到了十七世紀中葉，人們才開始轉變，漸漸不接受個人暴力，也不樂見政府公開的暴力行徑，像是公開處決等。當時，大眾並不認為這些行為具有任何教育意義，所以這些做法最終也不復存在。人們逐漸「文明」的過程可部分歸因於啟蒙運動，社會對於暴力的想法還有回應都有所轉變；而這一切發生在十八世紀一點都不意外，因為當時「自然權利」、人權以及人性尊嚴的想法都開始萌芽。

那些挑戰暴力衰減理論的學者表示，過去社會並非現在所描述的那麼暴力，特別是在主流文化中，更是如此。若暴力衰減理論是正確的，就必須滿足以下前提：世界歷史區分成兩階段，在「啟蒙運動」前，人們都充滿迷信、殘忍與暴力；以及「啟蒙運動」後，大眾變得理性，而且更加和平。沒有學者質疑過去社會充滿暴力的說法；中世紀法律建議當局，犯重罪就要實施公開處決、焚燒、烙印、致盲、溺水和閹割等懲罰。在十五到十八世紀的歐洲，司法上的酷刑虐待以及眾目睽睽下公開處刑都是十分普遍的做法。然而，就歷史事實來看，沒有學者能夠確切表示，過去的社會到底是「比較暴力」還是「比較平和」。舉例來說，中世紀歷史學家沃倫・布朗（Warren Brown）認為「十三世紀的英國社會並沒有比二十一世紀的美國或歐洲來得暴力。」

幾百年前跟現在相比，人類並沒有比較暴力，這概念是我們思考暴力還有過去社會的基本原則。以史前時代為例，在遠古社會中，能夠證明肢體暴力的考古紀錄並不多，但的確存在。好比說，有些著名的遺址可以追朔回農業革命之前，大約是在一萬兩千年前的中東地區；在現代的克羅埃西亞境內，還有個遺址名為 Sandalja II，時間可以回推到兩萬七千年前，而我們在該遺址發現二十九具頭顱粉碎的遺骸；除此之外，Jebel Sahaba 遺址位於現代的北蘇丹地區，這是一座一萬三千年前的公墓，在這裡我們發現六十一具遺骨，其中有些遺骸是被弓箭殺死的。在農業革命之後，我們發現更多暴力事件的考古證據，在幾個中歐出土的大型遺址中，例如奧地利的 Asparn-Schletz，就發現了兩百具遺骸，且大多數的頭顱都有致命性的斷裂。

從這些以及其他史前時代的考古證據來看，學者們認為我們這個物種（智人種的智人亞種）在舊石器時代晚期（五萬至一萬年前）互相爭鬥、殺戮。在同一群體間的不同個體，也都會有暴力行為。人類很早就有戰爭跟暴力，早在農業部落或是都市成形之前就有了，人們會殺害或是屠殺他人，儘管現在無法確切知道這麼做背後的原因為何。然而，我們也不可能有個總體的結論，從現有的考古證據來推定遠古社會的暴力程度。舉例來說，最近一篇關於史前日本的研究指出，包含戰爭在內的暴力行為並不常見。

所討論的時代不同，可能會有不同的認知，但普遍認為暴力是社會生活中不可或缺的一部分，但這並不如媒體或是電影所描述般的那麼暴力。暴力的形式還有暴力的類型差異很大，不同的時間還有不同的地點都不一樣；而我們也可以發現，過去社會的暴力程度也有很大的區別。也就是說，同一暴力行為在不同情況下會有不同的目的，取決於當時社會是否接受該做法。所以問題並不是「某某時期有多暴力？」，而是「某某時期認定什麼是暴力行為？」。

第二章

親密與性別化暴力

家庭可能算得上全球史上最暴力的社會組織。在過去大多社會中，如果妻子不服從或是得罪她們的丈夫，丈夫有權教訓他們的老婆；同理，父母也可以處罰自己的小孩。一直到了十九世紀，所謂的「親密與性別化暴力」才開始受到質疑，因而開始出現保護女性與孩童的法律，要求司法單位介入。大多數的親密與性別化暴力都是男性對女性或是孩童施暴，而男性在同性關係裡也可能會是受虐的一方，其形式包含家暴、性侵害、兒童性虐待等，有些可能是有體制化的，而有些也可能發生在家庭內部。這類型的暴力至今仍然受到許多社會默許，常見的地區包含非洲、拉丁美洲、中東、以及部分亞洲國家，與當地父權思想息息相關。但也有些例外，例如，大多數「弒嬰罪」的罪犯都是女性，雖然有些人是跟先生共謀犯罪，主謀都還是女性。當然，女性也可能主導其他種類的親密暴力，例如對丈夫或孩童家暴等，只是從數據上來看，男性仍然為主要的施暴者。

家暴

綜觀歷史，在大多文化當中，如果妻子不聽丈夫的話，丈夫「矯正」自己妻子的行為是正確且合情合理。目前有足夠的研究證據顯示，親密暴力在早期歐洲婚姻當中扮演不可或缺的角色，所以檔案庫中幾乎沒有家暴的紀錄。通常，除非丈夫的家暴行為造成永久性的傷害、流產或是死亡，我們才會在法庭的紀錄中發現相關的資料。在古代以及中世紀的歐洲，男性作為一家之主，所以他們有權使用暴力來維持紀律，讓一切都在掌控之中，而這樣的做法也符合社會期待。過去的問題並不是暴力行為本身，而是要如何區別「可接受」的暴力程度還有過度暴力。

人們到了十九世紀才開始認為，打老婆或街頭打架等暴力行為不可接受，只有勞動階層的人才會做出上述行徑，社會上不應該存在這種暴力。歷史學家夏妮・科魯茲（Shani D'Cruze）編纂關於維多利亞時期英格蘭的資料，當中顯示有三分之一遭指控打老婆的男人是有專業技能的工人、大約二分之一是做粗工的工人，而剩下的人都屬於中低階層。然而，「鞭打」孩童並不被社會認可。如果男人不顧一切，施加過度暴力，因而造成死亡或是嚴重傷害，他們的社會地位會受到影響。

當然，無論在過去還是現在，關於像是家暴或性侵害的親密人際暴力都非常難整理，因為大多數並不會向官方通報，所以很大一部分都不為人知。女性並不想要控告自己丈夫，或是不願意通報自身受到性侵害，其中原因非常多，包含警察或司法體系對待她們的方式不佳、起訴的成功率很低或是她們害怕遭受報復，導致更多的暴力行為等。

全球的家暴率差異極大。澳大利亞是家暴率較低的國家之一，在二十一世紀初期，平均每九天會有一名女性被殺；男性則是平均二十一天才會有一名受害者，而這些殺人案件的兇手大多都是男性。另外，在二〇一六年至二〇一七年，因為受到伴侶或是其他家庭成員施暴而住院者，每天約為十七人。澳大利亞的統計數字跟其他富裕國家的家暴率差不多，但其餘國家的家暴率則相對高出許多。在開發中國家內，三分之一的已婚女性一輩子至少會被丈夫毆打一次；伴侶所施加的暴力包含毆打、強制監禁、脅迫、經濟上或言語上的虐待等，主要發生在東南亞地區，約占百分之三十八；其次分別為地中海地區東部（三十七％）、非洲（三十六％）、美洲（三十％）、歐洲（二十五％）、西太平洋（二十四％）、以及高收入國家（二十三％）。高收入國家包含澳大利亞、紐西蘭、美國、加拿大、歐盟會員國、以色列、南韓以及日本等。現今的中國仍然存在父權思想，社會認定女性應當服從，所以家暴事件時常發生；而女性並不會向警察通報，因為她們害怕破壞「家庭和諧」，這麼做的話會害自己被社會上大多數人看不起。父權態度在不同宗教內皆會危害女性，在基督社群中，他們會用〈聖經〉來合理化家暴行為；這狀況也可以在穆斯林社群中看到，他們有時會透過《古蘭經》替壓迫女性的行為辯護；在非洲、亞洲以及中東的穆斯林社群，國家跟沙里亞教法（又稱伊斯蘭教法）互相交織，所以整體情況可能會更加複雜。社會學家麗莎・哈潔爾（Lisa Hajjar）表示，要認識家暴以及穆斯林社群赦免該暴力的重要關鍵，就是了解宗教與國家之間的關係，在不同的伊斯蘭國家中，宗教與政府間的關係都不盡相同。

在解釋家暴時，還要考慮許多社經因素：其中包含經濟不平等、父權至上思想或其他類型的社會不平等、不同家庭紛爭內的暴力行為接受程度，以及女性沒有能力離開施暴的家庭環境等。雖然這些都是家暴行為的先決條件，但是，只要法律上或社會上可以赦免部分暴力行徑，家暴就會發生。施暴者可能不會受到法律的積極追查和起訴，因為男性在家庭中施暴是可接受的行為。這樣看來，許多社會都不願意承認家暴是種暴力行為；也就是說，這些社會承認家暴的正當性。

行為本身也是關鍵。暴力行為很難一言以蔽之，因為每次的情況都不太一樣，施暴者想要展示的權力都不盡相同。受害者覺得受傷、害怕、蒙羞或是被虐待；而施暴者透過痛苦或是控制行為來傳遞一項訊息：他們「擁有」並支配受害者。這些隨意的暴力行為還可能讓受虐的伴侶產生心理依賴。

性暴力

性侵害是十分常見的全球問題，跟家暴一樣，並沒有確切的資料能夠顯示強暴的案件數。我們無法得知受害者有多少人，亦無法瞭解有多少加害人。我們唯一知道的是，性侵害的案件數遠遠低報。有些群體大多都選擇不通報，像是少數民族女性、窮人或弱勢群體、性工作者以及男性受害人。在澳大利亞，大約有百分之八十五的性侵害案件都沒有通報。而這原因有很多，包含擔心他人不相信自己、害怕性侵受害者的標籤、深怕加害者報復或是覺得丟臉，並不想承受警方調查或是司法開庭時接連而來的其他創傷。在英國的通報性侵案件中，只有不到百分之五的性侵犯被繩之以法；美國也是類似的情形；澳大利亞則是只有百分之十的性侵犯受到法律制裁。同樣地，從歷史上來看，加害者可能透過一些手段來閃躲，而不被起訴為性侵犯。例如，二十世紀上半葉，英國男性可藉由遭判處一般攻擊，來逃過性侵指控；因此，在歷史資料中我們可以發現性侵案件數大幅減少。在大多情況下，男性性侵犯能逃脫該有的處罰。在印度等某些國家，因為性侵過程大多不對外公開，所以性侵害在一定程度上被社會容忍性。

雖然在某些國家中，社會大眾對於性侵女性的態度有所轉變，但這個改變並沒有反映在性侵害案件的數量上，有些國家的性侵案件數還十分驚人。世界衛生組織（WHO）根據現有八十個國家的數據進行研究，結果顯示全球平均有百分之三十五的女性，一生當中都要經歷過至少一次的暴力行為或是性侵害，在高所得國家中，這數字是百分之二十三左右；在東南亞地區則高達百分之三十八。在印度，平均每二十分鐘，就會有一名女性遭到性侵。在南非，每三十六秒就會有女性受到性侵害，且因為個別性侵或輪姦的規模之大，又被稱為「檯面下的內戰」。

然而，種種跡象顯示，許多國家在過去兩百年中，像是謀殺等特定類型的暴力都沒有明顯地變化；而對女性侮辱的暴力行為則是大幅增加。歷史學家克萊夫・埃姆斯利（Clive Emsley）表示，英國在一九四〇至一九四四年間，性暴力的案件數為三千件左右；到了一九六五至一九六九年，這數字增加為至少一萬一千件。美國也有類似的狀況，在一九六四年，性暴力案件數為兩萬一千件；到了一九九二年，案件數已超過了十萬件。不過，美國在一九九二年之後，該數字穩定趨緩，直到二〇一六至二〇一八年間才又微幅上升，來到十三萬件。這可能是因為民眾的認知改變，認為性暴力是個社會問題；也可能是因為警方更積極處理性暴力案件；還有可能是因為性騷擾或是性暴力的定義變得更加廣泛，所以沒有人想以身試法。無論如何，要界定報案數量增加多少程度非常困難，因為這可能歸咎於整體性暴力數量的上升，也可能是因為受害者（不論男女）更願意向當局通報案件，又或許上述兩者都是原因。至少，在富裕國家中，公開討論性暴力以及侵犯性行為的禁忌似乎已經煙消雲散。不過就算關於性暴力與性騷擾的意識增加，而且 #MeToo 運動還造成全球焦點，對於強姦的迷思或刻板印象仍然存在。歷史學家喬安娜・柏克（Joanna Bourke）特別強調三大主要迷思。

第一，社會普遍認為「女性說謊」，她們會宣稱自己遭受性暴力。這個迷思深植在我們的社會中，特別是在警方以及刑事司法系統。一份二〇〇八年的調查指出，在美國東南部受訪的八百九十一位員警中，至少百分之五十的受訪者認為，半數以上宣稱自己遭受性暴力的女性都在說謊；還有百分之十的受訪員警相信，絕大多數宣稱自己是性暴力的受害者都是騙人的。第二個迷思，女性只有在知情同意的前提下才有可能懷孕。也就是說，如果女性被硬上，然後因此懷孕，那這樣就不能算是強姦案。這種過時的想法至今還是存在在很多人的腦海中。例如，在二〇一二年，美國參議員陶德・艾金（Todd Akin）於受訪時表示，有些強姦案件其實有「正當性」。第三個迷思就是，大眾認為受害者「自己活該」。強姦犯經常表示，受害者太引人遐想，她們的穿著若隱若現，所以是受害者的錯。社會上不論男女皆相信這類迷思。英國最近一份調查報告顯示，有三分之一的女性認為，如果有人讓自己看起來太妖豔而被強姦，那是自作自受。但事實是，男性通常會硬上女性，事後再宣稱這些受害者知情同意。如果有人表示某一行為是「強姦」或是「性暴力」，社會大多數人以及司法機構大都會表示疑慮，而責任會落在受害者身上，她們必須要證明自己確實受到性暴力。

我們必須要思考強姦的法律定義，每一個時期或是每一個國家，都有非常不同的定義；甚至在同一國家內，不同的機構就會有不一樣的解釋方式。因此，強姦在不同的社會文化環境下，會有非常不同的意義。同時，強姦的本質也飽受質疑，因為其中還包含男性對男性的性暴力，但本書並不會詳述細節，部分是因為目前的研究樣本數太少；同時，就歷史定義來看，性暴力的定義是男性陰莖在未經女性的同意下，強行進入陰道，而且該名男性還不是女性的合法丈夫。換句話說，婚內強姦、性侵幼童或是針對男性的性暴力都並不屬於強姦的範疇。舉例來說，婚內強姦一直到二十世紀晚期才變成犯罪行為，像是蘇格蘭在一九八九年認定婚內強姦是種犯罪行為，到了一九九二年，這政策才推行到全英國實施。目前，全球約有五十個國家不認為婚內強姦有罪，其中包含孟加拉、中國、印度、沙烏地阿拉伯以及葉門等，而這些國家都有嫁妝的習俗，也就是說，他們認為妻子是買進門的，因此，她們是屬於夫家的財產。即便目前大多國家已經有相關立法，但是在不同地區中，大約有百分之十到百分之二十六的女性，都曾經遭受婚內強姦。

到了二十世紀下半葉，西方國家因為現代女性地位的改變，而開始施行婚內強姦法案的改革，不過，這也帶來一些爭議。目前，在部分國家中，仍有人反對丈夫因為強姦妻子，就應該被定罪的想法。其核心的想法是，政府不應該介入家庭內部事務，特別是夫妻的房事。諷刺的是，反對婚內強姦法案改革的群體，通常是社會和政治的保守派、特定宗教團體，甚至是保守的婦女團體，而這些人往往也反對同性戀相關權益的合法化。

跟家暴一樣，性暴力猖獗的前提在於社會與經濟的不平等。喬安娜·柏克在她關於性侵犯歷史的著作中表示，性侵是種社會與政治的表現，是一種形式；而且性暴力跟特定的文化、社會與政治環境息息相關。

兒童性虐待

兒童性虐待就是讓幼童參與性活動，或是利用孩童來進行性交易或是拍攝色情內容。跟其他的親密或性別化暴力一樣，過去關於兒童的性暴力知識相當有限，因為當局並沒有太多的紀錄；父母或是政府人員也不願意回報，甚至不相信孩子所說的自身遭到性暴力的經驗。因此，孩童的性暴力，像是強姦等案件，絕對嚴重低報。不論暴力的本質為何，孩童的暴力事件很少會被起訴或控罪。雖然西方社會近幾年開始有媒體撰文討論體制化的暴力行為，從一九八〇年代至今，也有許多相關研究與作為，但在許多國家中，仍幾乎看不到與孩童性暴力相關的歷史研究。

到了一九八〇年，孩童性暴力已經受到大多西方國家的認證，列為嚴重的社會問題。部分可歸功於媒體，因為他們開始關注不同類別的暴力，包含孩童色情內容、孩童性侵集團以及姦殺案件等。除此之外，社會大眾也更有意識，關注家庭內部性侵案件的發生率。在一九八〇年間，因為對於孩童性暴力的定義變得更加廣泛，美國國內的通報案件數大幅上升。以全美來看，百分之二十二的美國人都曾是孩童性暴力的受害者；而英國約有百分之十的孩童表示，他們曾受到性侵害。有鑑於此，政府挹注更多的警力與社工服務，並且提供更多資源給孩童、家庭以及社會個案工作者。其中，南非的紀錄非常糟糕，美國眼淚基金會（Tears Foundation）與英國醫學研究委員會（Medical Research Council）表示，在南非，大約有一半的孩童在年滿十八歲前，都曾遭受虐待。

與「未成年孩童」發生性行為在定義上是「暴力」的。孩童性暴力議題又因為兩個因素而變得更加複雜。第一，行使性同意權的年齡限制；第二，「未成年孩童」的法律定義，意即未達到特定成熟階段的人。這兩個因素又跟其他概念環環相扣，像是進入青春期的年紀、對於童年的不同期望、孩童與青少年無罪或有罪行為的想法改變，以及女權和其他維權人士的社會運動等。不論是在過去或現在，不同地區行使性同意權的年齡門檻差異極大。舉例來說，在一八七五年，英格蘭與威爾斯性同意權的行使年齡門檻從原先的十二歲上調至十三歲；大約過了十年左右，門檻又上修至十六歲。而男孩並沒有相應的「性同意年齡」，雖說如此，目前許多國家設定男孩行使性同意權的年齡大多介於十六歲至十八歲之間。在十九世紀末期，美國國內女孩可以合法「同意」發生性關係的年齡門檻差異非常大，從密西西比州和阿拉巴馬州的十歲，到堪薩斯州和懷俄明州的十八歲不等。在現今許多國家中，因為婚姻權大於性同意權，所以丈夫與未成年妻子之間的性行為皆為合法，而不用管未成年妻子的年紀為何。

即便有些國家的最低結婚年齡設為十八歲，法律上仍可發現漏洞。國際非營利組織「女童不是新娘：全球夥伴共同阻止童婚」（Girls Not Brides: The Global Partnership to End Child Marriage）表示，摩洛哥法官會受理女童結婚的審理案件，且比例高達百分之九十。同樣地，在坦尚尼亞，只要女童的家長同意，十五歲就可以結婚。而在東亞的部分國家中，約莫百分之十的孩童會在十五歲嫁人。在孟加拉，超過四分之一的女童甚至不到十五歲就出嫁。另外，像是在寮國，百分之三十七的女童會在十八歲前結婚；而在索羅門群島，比例則是百分之二十八。在部分非洲國家中，十八歲前結婚的比例遠高於上述例子，在奈及利亞北部的鄉下地區，估計大約有九成的女童會在十二歲前就嫁人。因此，全球至少有七億名未滿十五歲就結婚的女童。

廣義而言，學者們將孩童性暴力分成三類：陌生人主導的性暴力、由某一家庭所熟識的權威人士進行的性暴力，通常發生在負責保護兒童的機構內，以及家庭內部所發生的性暴力，通常稱為近親性交。目前，有愈來愈多的研究針對機構內的孩童性暴力，研究對象包含學校、孤兒院、宗教場所等。許多政府的調查報告顯示，孩童性暴力在現代社會中相對普遍，調查國家包含加拿大（1996）、愛爾蘭（2000）、美國（2011）以及澳大利亞（2017）。就家庭而言，要去揭露、監督，並且起訴家庭性暴力可說是難如登天。不論是在過去還是現在，家庭內部的暴力總是蓋著一層神祕面紗，而家庭內的性暴力大多至今仍不為人知。以體制內的暴力來說，像是天主教堂等組織，長久以來都沒有提供受害者相關的支持，同時卻系統性地保護加害嫌疑犯，讓他們躲到其他的教會堂區，不受到法律制裁。

性奴隸販運、色情旅遊以及兒童色情等，在全世界都十分普及。聯合國兒童基金會（UNICEF）預估，每年至少有一百萬名孩童遭人口販運到西方，他們來自南亞、東南亞、中南美洲以及東歐，並被迫從事性工作，其他比較保守報導的預估人數為每年六十萬至八十萬名孩童被販運到其他國家。光是在亞洲，估計就大約有兩百萬名孩童被販運並從事性工作。

網際網路也成為二十一世紀兒童性剝削的新場所。過去二十年間，在網路上交易或是分享孩童受到性暴力或性虐待的照片跟影片都大幅增加。事實上，自二〇一四年起，相關的影音資料突然暴增，網路上的兒童性暴力圖片至少有一百萬張。截至二〇一八年為止，科技公司在網路上發現超過四千五百萬張兒童受到性暴力的照片或影片，有些受害兒童只有三、四歲，甚至有些年紀還更小。這代表世界上有更多的戀童癖者嗎？還是只是那些有戀童傾向的人可以更輕易地取得這些色情資料呢？這表示目前有更多的孩童遭受暴力或是虐待嗎？有證據顯示，全球有愈來愈多的孩童性交易集團，特別是在衝突區域，像是獅子山共和國，估計約百分之三十七的性工作者不到十五歲。某些區域還特別立法，希望打擊色情旅遊，但是當地的執法單位通常效率不彰。

殺嬰

殺嬰就是母親殺害自己襁褓之中或是剛出生的嬰孩，就算不是她親自動手，也至少經過她的同意。這做法至今仍然存在，就跟其他的親密或是性別化暴力一樣，我們沒辦法得知確切的數字。以過去的醫學知識狀況來看，我們幾乎不太可能確切知道，某一新生兒是否出生時就夭折。因為要判斷死因有一定的難度，愈來愈多政府認為隱瞞懷孕也是種刑事犯罪行為。政府相信，如果準媽媽不願承認自己身懷六甲，並且準備嬰兒的相關照護措施，那她就可能意圖殺害這個孩子。

一七二一年，法國黑恩（Rennes）爆發大火，在祝融肆虐整座城市後，人們在下水道發現八十具嬰兒的骨骼。這些將孩童屍體遺棄在黑恩或其他城市下水道的女性，很有可能都是家戶中的僕人或是女兒，她們有辦法做到隱瞞自己懷孕，但卻沒辦法藏匿新生兒。從法庭證詞上可以明顯看出，有些鄰居、中年婦女或是有些家庭成員有時候會幫助單親媽媽，隱瞞她們懷孕的事實，並確保這些新生寶寶不會存活下來。因此，殺嬰或是隱瞞懷孕的法院犯罪紀錄並不準確，無法確實反映出真實狀況。換句話說，過去的殺嬰案件絕大部分都沒有資料。

至少在歐洲，嬰兒的性別看起來並無太大區別，不會影響殺嬰罪的犯案率。殺嬰的動機主要是為了處理掉媽媽不想要或是非法出生的寶寶，也可能是為了控制家庭人數。在維多利亞時期的倫敦，每年都可以看到好幾具被丟棄嬰孩的遺體，但當時社會並沒有意願或資源來進行刑事追究。歷史學家喬治．貝默（George Behlmer）所做的統計發現，英格蘭與威爾斯每年至少有數千筆殺嬰案件，而這個數字從未列入殺人案件進行計算。雖然從十六、十七世紀開始，很多地方針對殺嬰案件已經有嚴格的法律進行懲處，但其他國家的法院則是反其道而行，他們會替婦女緩頰，並將相關案件輕輕放下。在十八世紀的英格蘭，愈來愈多法院在辦理殺嬰案件時，能夠接受暫時性精神錯亂作為抗辯事由。這些案件可能會起訴被告人，但也有機會直接赦免。

一六九〇至一七九九年間，倫敦的老貝利街[1]有一百九十六起殺嬰案，其中只有六十二案作出起訴處分。在十八世紀，大眾對於女性的普遍態度開始出現轉變，當時法院更願意考慮犯案女性以及一般兇手的精神狀態。因此，殺害自己孩子的女性往往被賦予受害者的角色，也有愈來愈多人會認為這些女性精神錯亂。到了十九世紀中葉，一名英格蘭因殺嬰案受審的女性就因此逃過處決，而是改判輕罪定讞。

在歐洲，嬰兒的性別似乎不是主要的考量因素；但在其他國家，狀況可能並不是如此，像是中國、印度、越南、巴基斯坦與亞塞拜然等，這些國家都有必須生男孩的壓力，這也代表會有許多女嬰因此被殺害或是遺棄。我們來看看印度跟中國兩個例子。

媒體常常報導，對女性來說，全世界最危險的國家就是印度。除了被強姦的風險外，女性還面臨其他重大問題，包含殺害女嬰與消滅女性胚胎，也就是對女嬰胚胎進行選擇性墮胎等。雖然從一八七〇年起，殺嬰就是違法行為，但這類行徑仍然十分普遍，原因有很多，包含極度貧窮、不想生下因強姦而懷孕的嬰兒、生出失能孩童、赤貧家庭中的孩子、未婚媽媽以及嫁妝制度等等。即便政府已經採取相關措施廢除嫁妝制度，這類做法仍然存在；對於農村地區的貧窮家庭來說，殺害女嬰以及選擇性墮胎是不得已的行為，因為他們擔心無法籌措到合適的嫁妝，而受到社會排斥。

同樣地，中國的殺害女嬰事件已存在數百年之久。跟印度一樣，主要可歸因於父權社會、嫁妝制度以及貧窮問題。因此，即便佛教或儒家思想都反對殺嬰行

1. 譯按：此為英國的中央刑事法院，負責處理英格蘭與威爾斯的重大刑案。

為，這狀況仍然十分普遍。在十九世紀的中國，人們通常會讓女嬰溺死，或是藉由窒息、飢餓和直接丟棄在自然環境中等方式殺害女嬰。歷史學家蜜雪兒・金（Michelle King）指出，許多中國男性菁英認為殺嬰是種「低俗的行為」，即便如此，這類行徑仍然司空見慣。一九七九年，在一項激進的社會實驗中，中國政府正式祭出「一胎化政策」，希望藉此將人口數保持在可控的範圍內。而這做法似乎加強人們偏好男孩的百年傳統。在高度重男輕女的中國社會中，許多家長認為生兒子非常重要，因為如此一來才會有人打理自己的晚年起居。在這前提之下，我們絕無法得知有多少女孩因此被殺害，再加上許多農村家庭並沒有替家中女兒報戶口，不過據估計，殺女嬰案至少有數百萬件。

戰爭時期的性暴力

喬安娜・柏克表示，戰爭並不單單只是「從事機械屠殺」行為而已。從古至今，戰爭期間還會有許多強姦、性暴力、性謀殺以及性虐待等行為，只是到了近代，才開始有學者或社會大眾研究或是公開討論這些議題。原因有很多，包含：一九九〇年代，人們才發現前南斯拉夫戰爭時的大規模強姦案件與「強姦營」，以及盧安達大屠殺期間的性暴力事件；有人開始出面坦承二戰時期，亞洲有所謂的「慰安婦」；以及其他關於二戰的研究，結果發現戰時蘇聯在東歐與中歐頻傳大規模強姦事件。在二戰期間，強姦案件可能遠比其他戰爭多出許多。因為目前較多研究都聚焦於戰時對於女性的強姦案，關於強姦男性的研究篇幅較少，所以在此，我只把重心放在異性戀的強姦案上。

在一九九〇年代以前，戰時的強姦事件幾乎沒人討論，部分是因為當時不論男女受害者，很少談論這個問題。他們沈默是有原因的，受害者通常會因為這段經歷而感到恥辱；回想起來又痛苦不堪，特別是這段回憶涉及深刻的創傷或是個人經驗。例如，當時十六歲的加比芮蕾．科浦（Gabriele Köpp）在二戰末期，跟其他大約兩百萬名女性受害者一樣，被路過東歐的蘇聯紅軍輪姦。科浦一直到八十歲才把這段痛苦不堪的經歷書寫下來，她是第二個跳出來這麼做的德國女性。據估計，單就柏林一座城市來看，至少有一萬名女性因為受到強姦而自殺。而蘇聯男人在戰後仍然繼續強姦德國女性，一直持續好幾年之久，直到新成立的德意志民主共和國認為這是個「政治」問題才作罷（見圖1）。

不分敵我、也不管是哪場戰爭，強姦案件都是入侵軍隊成員的個人行為。德軍與納粹黨在戰時也有性虐待跟強姦案件，對象包含在貧民窟、集中營或是戰區的女性。二戰期間，同盟國也在法國、菲律賓、義大利跟日本等地強姦當地女性。歷史學家鮑伯·立利（Bob Lilly）估算，一九四二至一九四五年間，美軍在歐洲就強姦了一萬四千至一萬七千名女性。戰後的數年間，好幾千名日本女性也被強姦，加害者有些是澳大利亞與紐西蘭的軍人，當時他們參與組成駐日的英聯邦占領軍。

而在戰爭期間，日本軍隊強制性奴役數萬名女性，並賦予她們較委婉的名稱「慰安婦」，這種稱呼方式頗具爭議，我們也不難理解為何部分學者會認為這個

圖 1　1945 年 8 月，蘇聯軍人在德國萊比錫騷擾當地女性。

名稱具有歧視意味。雖然早在西伯利亞干涉戰爭（1918-1922）期間就有先例，但從一九三〇年代末開始，強姦以及強迫賣淫就變成日本進犯其他東亞國家的特色。許多女性被迫或是被騙而成為性奴隸，受害者人數大約介於五萬至二十萬之間，大多來自朝鮮半島，也有來自中國、台灣、菲律賓以及部分的日本女性。當時日軍無法，或者說毫無意願，提出比較不殘暴的制度；他們解釋成立慰安站是為了減少強姦當地女性的狀況。在二戰期間，因為強迫女性賣淫而遭判有罪的並不是只有日軍而已。德軍也是如此，在德意志占領的領土中，預估有高達五萬名女性被關在妓院裡。納粹也在集中營與勞改營中設立妓院，其中上門的「顧客」都是當時的囚犯，這是當局為了獎賞營中男性，而出現的變態獎勵措施中的一環。

自從二戰結束以來，武裝衝突時的性暴力事件頻傳，這消息令人擔憂。一九四七年，印度與巴基斯坦瓜分旁遮普（Punjab）時，就有七萬五千至十萬名女性被綁架並強姦。一九七一至一九七二年間，在為期九個多月的印巴戰爭中，有二十萬至四十萬名孟加拉女性被強姦，其中有八成是穆斯林。一九九〇年代，強姦事件與淩虐或殺戮事件一樣普遍，主要好發在波士尼亞與赫塞哥維納、科索沃、東帝汶、獅子山以及瓜地馬拉等地。在一九九一至一九九四年，前南斯拉夫內戰期間，各方都發生大規模強姦事件，但只有塞爾維亞軍隊是有系統且廣泛性的性侵女性，受害者包含穆斯林、天主教以及克羅埃西亞的女性。部分統計指出，大約有兩萬名女性被侵犯。當時，女性在自己家裡被不斷地騷擾、或是被關在專門為強姦用途而設立的拘留營，並被迫進行性交易。一九九四年盧安達大屠殺期間，有五成至九成的圖西族倖存女性遭受性暴力，也就是大約二十五萬至五十萬名女性被性侵。到了二十一世紀，蘇丹的達佛地區還傳出大規模的強姦事件，目的是要將當地人口驅離珍貴的土地區域，把他們趕到沙漠。二〇一一年，一份報告指出，在剛果民主共和國內，每天至少有一千名女性被強姦，其中，有三分之一的受害女性都未滿十八歲。

在不同戰場中，戰時所發生的強姦事件，甚至有時是大規模的性侵案件，都可以追溯到不同的原因。自一九四五年以來，有些戰場內的強姦案件可能是種刻意的戰爭策略。相關的案例可以在剛果或前南斯拉夫的內戰中看到，性暴力是一種「戰爭武器」，用來展現權力，損害敵軍的尊嚴，並且試圖羞辱該群體。然而，這些例子並不多。雖然這些強姦女性的男人並不一定是想要傷害某一群體，但他們可能知道，性侵可以帶來更大的後果。在這條件下，我稍微改寫喬安娜・柏克的句子：陰莖是種武器，是一種暴力與支配的工具。就上述例子而言，強姦已經變成一種「儀式」，就跟其他暴行一樣，男人會透過極端暴力來進行性交。如同許多學者所言，對戰爭時期的男人來說，他們所屬的編制單位至關重要。在戰場上，這些單位或群體所做的決定攸關生死，所以他們經常做出極端的暴力行為，像是強姦、姦殺、虐刑以及屠殺等，而不管上級確切下達了什麼命令。

目前，全世界性別化暴力的程度為何？性別化暴力在許多國家似乎都有上升的趨勢。性別化暴力的發生原因有很多，而以前的父權社會或是厭女態度的確是該暴力普及的部分因素。女性或是孩童所受到的暴力，不論是否為家庭因素，至今一直都是嚴重的國際問題。在全球許多地方，當地婦女跟孩童仍受到強姦、人口販運、被迫勞動或是賣淫等暴行。交戰國家會監管戰場上對於女性的暴力行為，有時候還會系統性地將強姦作為一種武器，讓男人強姦當地社區或是難民營內的女性。全球大約有將近三分之一的女性，一生當中都曾受到毆打，或是曾被迫從事性行為。還有四分之一的懷孕女性，或多或少都經歷過家暴。聯合國的報告指出，至少有兩億名介於十五歲至四十九歲之間的女性，她們的生殖器都被切割，這行為有時會稱作陰蒂切除術（女性割禮）。女性割禮目前在部分國家中仍然十分普遍，例如坦尚尼亞、多哥、伊拉克、肯亞以及迦納等。目前全球每年還有大約五千名女性，受到所謂的「榮譽處決」而死，這措施是為了管控女性，不要隨意發生性行為或生育。在職場上，女性受到的騷擾或是侵犯通常不會出現在檯面上，因此這些加害者並沒有受到懲罰。在此，我只有稍微提到女性會面臨的暴力行為而已。雖然有些國家對此議題的態度開始有所轉變，但是進展仍然十分有限；而有些國家則是對此無動於衷。就目前來看，在許多國家中，女性仍然是絕大多數性暴力或家暴的受害者。無論是在和平時代或是戰爭時期，性暴力皆為普遍存在。因為全球對於性侵案件的起訴率或是定罪率都非常低，進而導致人們對於強姦案件無感，這結果十分令人擔憂。

第三章

人際暴力

綜觀歷史，男性之間的暴力行為大多不僅是針對受害者本身，更是為了在同儕面前表現自己並取得團體的歸屬感。本章節將會探討以下議題：男性彼此鬥爭或殺戮的幾個原因、主要使用的暴力形式（如宗族仇殺、報復、刀鬥、決鬥等）、這類暴力為何會跟所謂的「榮譽俱樂部」沾上邊，以及過去幾百年來，這人際暴力是否有逐漸下降或是轉變的趨勢，特別是在西方社會當中。

我會提出一些論點，試著解釋歐洲與美國謀殺率下滑的原因。我特別關注這兩個地區的原因很簡單，因為學界對於這兩個地方的謀殺事件已經有相對準確且長期的認識。除了上述兩個西方社會外，對於其他地區攸關性命的人際暴力，因為缺乏相關的研究，所以我們相對陌生。目前像是中國等部分國家，即便相關的史料數據可以追溯回過去數百年之久，他們也是到了最近才開始進行相關的前導研究。儘管如此，我們也蠻值得討論這些國家男性暴力程度的落差，以及他們比西方國家還要暴力的相關原因。其中一個我想探討的議題如下：隨著時間推移，歐洲的謀殺率有明顯下降的趨勢，而美國卻沒有類似的發展軌跡。這兩個地區有點不太一樣；在過去，用來解釋這些國家謀殺率的論點也大不相同，但問題是，為什麼一樣都隨著時間發展，不同國家的謀殺率會有截然不同的發展方式呢？如果人類對於暴力的傾向完全一致，為什麼有些國家的人民明顯比其他國家來得更加暴力？是什麼樣的情況才會導致謀殺暴力增加？在我開始深入探討前，我想先帶大家認識「榮譽俱樂部」。

榮譽觀念的改變以及暴力案件的下滑

不論是過去還是現在，全球有許多地區的人民都認為，男人的榮譽取決於他的戰鬥能力。個人榮譽來自同儕或社會的敬重，通常跟某人的體力或是性能力息息相關。許多男人都會特別重視榮譽，並將其視為一項資產，就跟傳統財產一樣重要。如果榮譽受到損害，就只能透過報復式暴力，這種唯一方法來重建榮譽。對外展現男子氣概的方式包含拿劍或是持刀，在某些文化當中，這樣展現是必要的象徵，顯示某人已經做好準備，要維護自身的榮譽。當然，要損害男人的自尊有很多方法，像是一個手勢、一個眼神、一串羞辱的言語或是指控某人出軌。男人為了證明自己的男子氣概，並重建自尊的方式就是訴諸暴力（拳打腳踢、使用棍棒或刀劍等），所以在十六世紀的許多地方都會有正式的儀式，讓男人之間決鬥，包括義大利、西班牙、法國、英國、日本跟印度等地。歷史學家格蘭德・施韋霍夫（Gerd Schwerhoff）認為，暴力本身還有形式或功能，都跟高度形式化的戲劇緊密交織，這些戲劇的情節都有明確的套路：從剛開始的嘲笑、羞辱，後來互相做出威脅性的手勢，最後可能會有人受重傷或是以死亡收場。這些戲劇通常公開播送，在劇中，只要沒有積極正面回應挑釁，就會導致個人，甚至整個家族的社會地位下降。

隨著時間發展，現在榮譽的概念已經跟勇敢或是男子氣概的實際展現逐漸脫鉤，犯罪學家皮特・斯皮倫堡將此過程稱之為「榮譽的精神化發展」。榮譽漸漸變成比較個人化，甚至是比較私密的事情，所以羞辱行徑並不會自動發展成肢體上的暴力。同時，我們也必須要考量歐洲從十七世紀開始的其他發展，像是愈來愈多人重視「文明」以及「禮儀」，並將其作為傳統男性榮譽的替代方式；另外，因為決鬥不是「文明」行為，所以社會菁英大多反對打架或個人決鬥，國家隨而立法禁止；最後還有司法系統的發展，人們可以不必靠暴力解決爭端，司法體系能夠服務社會多數人。也就是說，暴力事件的減少也跟人們互動方式，或是行為模式的改變有關。

這些論點都頗具說服力，不過仍然還是有一些問題。首先，特別在意榮譽的男性並不會一直透過暴力來展現自己。例如，蘭道夫・羅斯（Randolph Roth）認為榮譽本身並無法解釋為何有些社會同樣且一貫地暴力，所以他覺得榮譽只是「暴力行為的表面原因，而不是根本因素；它是一種文化載體，背後還有更深層的衝突」，像是經濟利益、種族衝突以及社會地位等。其次，文明與暴力程度之間並沒有因果關係。雖然對於近代歐洲的社會大眾來說，他們對於部分肢體暴力行為的容忍程度有所增加，但是這種社會互動模式的改變並沒有造成暴力程度下降。到了十九世紀，某些國家又再次出現個人決鬥的風潮，例如義大利、德國與法國等；主要都來自在軍中服役的中產階級男人，他們希望可以嚇嚇貴族，藉此來增加自身的社會地位。但這也表示「榮譽的精神化發展」並沒有普遍存在於社會中的各種階層。

儘管如此，由於民眾態度的轉變，特定形式的暴力似乎愈來愈少；而其他種類的暴力，像是家暴等，則是漸漸消失在公開場合。同時，對於男子氣概以及榮譽的觀念改變，似乎也會影響人們看待暴力的態度，所以先前用來公開羞辱並貶低受刑人的懲罰方式，像是戴枷鎖、綁頸手枷和公開鞭打等，在十八世紀末至十九世紀都逐漸減少。歷史學家羅伯特・舒梅克（Robert Shoemaker）指出，英國在一八三七年就廢除使用頸手枷，因為當時人們認為這種懲罰方式並不是維護法律和秩序的手段，反而是在削弱法治。如果犯法者受到不公平的對待，像是作家或是出版社只是因為發行違法刊物而被定罪，社會大眾會對犯法者表示大力支持。在這樣的情況下，法院原先的判決都會受到充滿同情心的大眾影響。相反地，如果罪犯是因為某些越界行為而被定罪，像是詐騙、褻瀆神明、強姦或是人獸交等性犯罪，群眾就會變得十分暴力，有時候還會出手襲擊並殺害犯法者。

兇殺

除了戰爭之外，全球因暴力而死的主要原因就是兇殺。在二〇一六年，大約有五十六萬人因為暴力行為而死，這數字並不包含自殺人數。其中，不到兩成的受害者是因為武裝械鬥而死，其餘大約有百分之六十八的人都因他人蓄意殺害而身亡。過去三十年來，全球的兇殺率不斷上升；從一九九〇年的三十六萬兩千人增加到二〇一七年的四十六萬四千人，而這些數字只是粗估而已。有些國家至今仍然沒有整理暴力死亡的數據。

著名的犯罪學家曼紐爾．艾斯納針對歐洲歷史中的兇殺率進行系統性的研究，並取得初步的成果。他表示從中世紀末開始到一九五〇或一九六〇年代，兇殺率有顯著下降的趨勢。如今，學界對於兇殺率下降的相關學術主張都比先前來得謹慎。例如，詹姆斯．夏普得出的結論表示，對於十三世紀的英格蘭農村來說，社會大眾可以接受的平均兇殺率約為十萬分之二十；到了一八〇〇年，該數字下降到十萬分之一（兇殺率是以每十萬人口中的死亡人數來進行計算）。蘭道夫．羅斯表示，英格蘭一六〇〇年代初期的實際兇殺率大約落在十萬分之十五左右。有些學者甚至認為，從十三至十七世紀之間，兇殺率的走向並沒有顯示出「逐漸下降的趨勢」。一直到了十八世紀，幸好有歷史資料的保存，歷史學家才得以開始針對西歐的兇殺率進行精準的統整。而當時的兇殺率大約已經跟現在的數字差不多。

我們唯一可以確定的是，兇殺率真正下降的時間點是十七、十八世紀的西歐，當中的主要國家有英國、荷蘭、德國，可能還有法國等。也就是說，兇殺率在地中海國家一直到了十九世紀都算偏高，包含義大利、西班牙，以及希臘。例如，一八〇〇年代末期的雅典是全世界兇殺率最高的城市，而當時正好有一大批農民湧入都市生活。然而，到了一九二〇年，雅典的兇殺率降到全球最低，至今仍然是全球最不暴力的城市。另一方面，中國在十八世紀的謀殺率走勢正好相反，數字不減反增，這主要是因為當時大清帝國喪失中央控制的實權，又碰上八卦教起義、海盜與土匪問題接連發生而造成。該趨勢一直到了二十世紀才開始下降，所以像是中國、日本、南韓以及新加坡等國，他們的兇殺率都屬世界最低。其原因可能是在日本、南韓以及新加坡等國經濟在快速發展的同時，並沒有出現大量貧窮人口集中的現象；另外，在這些社會當中，若是因為犯罪而遭逮捕，罪犯會因此背負很強烈的污名化標籤。換句話說，在評估兇殺率的過程中，我們必須將國家或區域的差異都納入考量，同時，我們也必須瞭解這些差異發生的背後原因為何。

一直到了十六世紀，如果某一凶殺案件是出於榮譽因素或是情感問題，歐洲當局仍然傾向從寬處理。只有蓄意謀殺等極端案件的加害者會被處以死刑。這現象到了十六、十七世紀才開始有了轉變，當時不再由相關家族負責兇殺案件的最終裁決，而是將判決的權力交回到法官或是君主手中。從這個時期開始，殺人是一種犯罪行為；而殺人者就是罪犯。斯皮倫堡將這個過程稱為「兇殺案件的邊緣化」，同時，政府也開始施加更多的社會控制，因而重新定義國家與人民之間的關係。換言之，兇殺率下降的前提是，人民開始普遍接受政府，認為國家的運作能夠代表社會大眾，並且有能力伸張正義。謀殺的邊緣化也跟社會學家唐納德．布萊克（Donald Black）所提出的論點相呼應，認為犯罪是一種激進的衝突管理，大多侷限於認為自己不受法律限制的社會底層人民。事實上，這些人認為法律充滿壓迫，而且條文跟他們的日常經驗脫節。因此，他們更有可能會做出侵略性行為，像是殺人等，來解決爭端。

換句話說，兇殺案件減少並不一定跟國家權力擴大有關；較可能是因為國家與人民關係改變，而產生的結果。舉例來說，北歐地區的政府通常被認為是個合法機構，用來保護其國家人民。在南歐的狀況正好相反，人民與國家機構之間的不信任感則是日益增加。在美國也可以觀察到類似的發展方向。蘭道夫・羅斯認為，北美與西歐地區在過去四百五十年間的低兇殺率，可以歸因於四個相關因素：一、人民相信政府的穩定性，其法治與司法機構能夠彌補錯誤並且保護生命與財產安全；二、民眾相信政府以及官員的治理能力；三、因為種族、宗教或政治團結而產生的同理心以及同族認同感；四、社會大眾認可社會階層的正當性，並認為一個人的社會地位能夠在不使用暴力的狀況下，就受到他人的尊重。

上述幾項因素同時達成，兇殺率就會大幅下降，最低只有每十萬人分之一。與其他類型的人際暴力不一樣的地方是，至少在現代，兇殺率的統計數據跟實際的犯罪狀況高度相關。因為殺人罪非常嚴重，所以當局很有可能會記錄相關資料。儘管如此，一八〇〇年以前的數據大多都零零散散，且不夠嚴謹，統計資料無法呈現出全國真實的兇殺率。兇殺率下降通常可以用來推測整體的暴力程度降低，但犯罪統計數據的價值與準確度仍然有許多爭議。在某些情況下，數據無法顯示出低兇殺率與低人際暴力程度之間的關係。

謀殺率的制定必須要考量許多因素，像是不同時空背景下，對於謀殺案件的定義可能不太一樣；如何「計算」謀殺，例如是否該包含起訴、定罪等不同狀況；國家當局是否有意願記錄相關數據；甚至是全球警力是否願意進行後續調查等。例如，英國一項針對一八五〇年代以來起訴案件的研究指出，法醫的預算可能與被起訴的謀殺案件數有關。這也是殺嬰案件常常都被忽略、加害者也不會被追究的原因之一。

聯合國毒品和犯罪問題辦公室發布一項報告，其內容將兇殺分為三類：人際兇殺、犯罪兇殺，以及社會政治兇殺。在富裕國家，大多數殺人案件都是人際兇殺，受害者跟加害者彼此認識，通常有血緣關係。如今，殺害陌生人的狀況極為少見。組織犯罪相關的兇殺案通常在美洲比較常見，其中包含北美洲以及拉丁美洲地區。這類案件通常涉及領土以及控制權的相關爭端。社會政治兇殺則包含民間恐怖主義、種族滅絕和仇恨犯罪，是一種為了實現政治目標的手段。第二類跟第三類的兇殺案件是將暴力作為一種手段，藉此向其他人傳遞特定訊息。如同該項聯合國報告所言，「人們會因為自身代表的內容而死。」換句話說，報告中受害者的個人身份或經驗並不重要；殺害 LGBTQI 社群人士的相關案件可能也是如此，重點不在於他們的個人身份或經驗，而是他們所代表的意義。

因此，儘管過了好幾個世紀，大多數兇手的性別和年齡結構似乎都沒有太大的變化。絕大部分兇殺案件的兇手都是介於黃金生育期的男性，他們大約介於青春期晚期到四十歲左右；而受害者通常是與加害者相同年齡的男性。上述規則可以適用於不同的時期與所有的文化（當然還是有些許例外）。加害者與受害者的社會地位十分相近，他們通常都是單身；而在過去兩百年間，他們往往都是屬於社經地位較低下的族群；其中，受害者的整體背景只有一項變化，那就是女性受害者的人數明顯增加。例如，日本、香港以及中國的兇殺率非常低，在二〇一一至二〇一二年間，兇殺率只有十萬分之〇．三或〇．四，其中大約一半以上的兇殺案件受害者都是女性。南亞的女性遇害人數居於世界之首，特別是在巴基斯坦和印度兩個地區。以比例來看的話，印度兇殺案件的女性受害者約占四成，跟其他低兇殺率的國家相比，印度的比例仍然算高。而上述其他國家女性受害者的比例分別為奧地利（四〇％）、德國（四十七％）、挪威（四十七％）以及瑞士（五〇％）。然而，女性在非洲通常充滿危險。光是在二〇一八年，南非就有三千名女性被殺害，也就是每三小時就有一名女性遇害。這個數字居然跟同一時期全歐洲的女性受害者人數總和一樣，況且歐洲的人口數是南非的十二倍以上。南非女性的遇害人數至少比全球平均高出五倍。

至少從一九〇〇年以來，在所有被定罪的加害人當中，女性兇手的比例大約介於百分之五至百分之十，而各地區的實際情況可能會有不同。唯一一個明顯的例外就是十八世紀的斯德哥爾摩，在當時所有謀殺或是過失致死的案件中，女性就占了百分之四十五；這是全球兇殺案件中，女性參與率最高的地區。當時有些女性起了自殺念頭，但因為在自身信仰中，自殺代表著需要遭受無盡詛咒，所以才選擇犯案殺人，以避免詛咒。這些女性選擇不自殺，而是殺害他人，而受害者通常是自己的小孩，因為這些女性知道，只要犯下兇殺罪，她們就會被處決而死，但如果選擇自殺，她們會落入無極地獄。殺人只會掉入煉獄，只要在那待上一陣子後，她們就可以進入天堂。

雖然大多女性都只會殺害自己家族內的成員，但是她們被處以絞刑的比例比男性高出許多。即便男性跟女性加害者並沒有明顯的差異，社會大眾仍普遍認為女性犯罪對社會秩序構成極大的威脅。一三五一至一八二六年間，如果英國女性殺人，她們會被判以「輕叛逆罪」，基本上就是被綁在火刑柱上燒死。也就是說，男性跟女性的判決以及處罰方式非常不同，男性加害者比較容易從兇殺案中脫身，這樣的趨勢一直持續到十九世紀下半葉才開始有所轉變。在那個時期，因為社會上出現一種「女性是無辜且脆弱」的意識形態，並且認為男性對待女性應該要更有「騎士精神」，所以對於女性殺人犯來說，特別是殺害有暴力傾向丈夫的女性，她們的判決不會是直接處以絞刑，但也不會從寬量刑。

在一八〇〇年之前，不同時期或地區可能有些不同，但基本上殺人事件仍算頻傳，而且大多都跟男性榮譽的觀念有關。到了一八〇〇年，至少對西方社會來說，殺人已經不再是普遍且可接受的行為，而是一種「駭人聽聞」並且違反法律的行徑。兇殺率或許可以作為一種指標，用來判斷某一時期的特定社會是否能夠控制單一事件的暴力程度，但這並不一定能夠提供線索，讓我們知道該社會的整體暴力水準為何。因為我們也要考慮戰爭時期的死亡人數，基本上這數字都不計入兇殺率當中；同時還要顧慮到二十世紀極權社會中的實際暴力水準，雖然這些地方的兇殺率相對較低，但是在集中營或是古拉格[1]的監禁過程中，有著極高的酷刑狀況和死亡率，而這些死亡人數通常沒有計入全國兇殺案件的數據當中。儘管如此，與世界上其他地區相比，當代西歐國家的兇殺案件（以及人際暴力）仍然不算常見。

美國特例

美國是工業化國家中的例外，跟其他富裕民主國家相比，美國的兇殺率至少高出二・五至八倍之多；全世界有三分之二的國家，其兇殺率都比美國還低。目前人們已經提出許多理由，用來解釋美國的槍枝暴力問題，但在探討這些因素之前，我們先來看看一些相關的數據。二〇一二年十二月，康乃狄克州的桑迪胡克小學槍擊案造成二十六人死亡，其中包含二十名年紀只有六、七歲的兒童；二〇一八年二月，在佛羅里達州的帕克蘭，一件校園槍擊案造成十七人死亡；在上述事件發生的這五年間，美國還陸陸續續出現九十九起大規模槍擊案件、至少兩百三十九起校園槍擊事件，以及至少十八萬八千起槍枝相關的死亡事件（其中八千名死者的年齡在十六歲以下）。在美國，每天都有大約一百人因槍枝事件而身亡、數百人因此受傷。每一年，美國學齡兒童因為槍枝而死亡的人數比在職警察或軍隊的死亡人數還多。

我們必須要先分析這些數字，才能夠瞭解背後的原因。在所有與槍枝有關的

1. 譯按：蘇聯時期的勞改營。

喪命人數中，有三分之二是死於自殺，也就是說，剩下的三分之一都是兇殺案。在美國被謀殺的風險跟其他富裕國家相比，高出八倍之多；同樣地，美國人自殺的傾向也是其他富裕國家的十倍。雖然說謀殺率跟自殺率之間不一定普遍成反比關係，但至少在許多現代國家中都可以看到這樣的趨勢，這也很可能跟整體社會將男性的榮譽觀念內化有關。現今，在大多數的西方國家中，自殺率遠遠高於謀殺率，而且從全球死亡總人數來看，自殺人數也遠多於被謀殺的受害者人數。每年有將近一百萬人選擇輕生。男性自殺或是謀殺的人數都比女性多出許多，其背後的動機都不盡相同。與男性相比之下，女性通常會有比較多的社會連結，也更能夠互相提供情感支持。

以謀殺案件來看，大多數的受害者都是非裔美國人，而殺害他們的兇手絕大多數也是美國黑人。事實上，非裔美國人被槍殺的機率是美國白人的十倍以上。其中有一小部分的非裔美國人則是因為警方槍擊而死，雖然比例非常低，但也藉由「黑人的命也是命（Black Lives Matter）」社會運動引起民眾關注，美國警方殺死民眾的人數比其他西方國家都還要多。二〇一八年，美國執法人員總共射殺了九百九十二人（其中大約有四分之一是非裔美國人、二分之一的白人，其餘的人包含其他族裔；對聯邦調查局〔FBI〕來說，警方射殺民眾並不計入謀殺率當中）。相比之下，英國警方在二〇〇六年至二〇一六年的十年間，只射殺了二十三位民眾（雖說如此，這數字仍是個悲劇）。在正常情況下，英國警方並不會配槍；有需要時，他們會召集特殊武裝部隊。我們把數字透過人口基數進行調整，美國因警察射殺而造成的死亡率是英國的六十四倍之多。

警務以及醫學的進步造成整體情況變得非常複雜。就以美國為例，如果我們把因槍枝造成的非致命傷害也列入考量，整體的況狀就會截然不同。在二〇一三年，總計有八萬四千兩百五十八起非致命傷害，重新計算後，數據就會變成每十萬名美國人中，就有二十六名曾遭槍擊。目前，美國治療槍擊受害者的方法無出其右，不過，整體社會對於暴力的容忍度卻也是其他富裕國家中所沒有的。羅斯表示，美國大約有五分之三的殺手，會因為各種原因而逃過制裁。

有許多人試圖解釋美國謀殺率跟其他富裕國家相差甚遠的原因，包含歷史學家理查德·斯洛特金（Richard Slotkin）試圖藉由描摹美國的民族性格以及他所提出的「透過暴力來重生的迷思」來解釋，還有人藉由美國南方奴隸與暴力所扮演的角色切入，還有許多論點是從民主、性別、男子氣概以及榮譽等面向著手研究。部分社會學家甚至認為，在支持共和黨總統候選人的州會有較高的謀殺與自殺率；而支持民主黨候選人的州則沒那麼高。但上述的論點都不太能使人信服。

要充分討論美國的兇殺率，就不能不提到當地的「槍枝文化」。在美國，絕大部分的家庭中都會有一把槍，大約一半以上的家戶都擁有槍枝，這數字遠高於世界上其他國家，或許只有以色列與瑞士可能會有差不多的數據。當然，這兩個情況非常不同。以色列跟瑞士的徵兵制要求軍職人員要擁有槍枝，國家希望其人民可以承擔一定的義務與責任；而美國的情況卻不是如此，大約有三成的美國民眾擁有槍枝，要不要有槍是個人選擇，通常被視為一種對抗國家的自我保護行為。在三成擁有槍枝的民眾當中，有三分之二的人擁有一把以上的槍。相較於槍枝持有率第二高的國家——法國和加拿大，美國的持槍率還高出兩倍之多（我們也沒有聽說這兩個國家的謀殺率，因為較多人持槍而有所提高）。「持有槍枝」跟「使用槍枝的傾向」之間存在正向關係，這一點也不意外，特別是在家暴與自殺方面，這個關係更是明顯。此外，因為非常多美國人持有槍枝，我們不太能夠斷定高槍枝擁有率是否會加強美國的暴力行為，進而在許多層面上破壞人們的信任感，像是人民之間的互信、執法人員與民眾之間的互相信任等等。我們也很難得知，到底有多少槍殺案件是因為加害者認為對方持有槍枝，進而先開槍自保。

現在的問題是，「持有槍枝」是否能夠作為一種實質上或是文化上的解釋，說明美國高兇殺率的背後原因。已經有許多人討論「美國憲法第二修正案」以及「人民持有並攜帶武器的權利」；槍枝持有權的普及並不會直接導致高兇殺率，像是以色列與瑞士就是最好的例子。如果我們排除槍殺案件，不計入美國的兇殺率計算，結果顯示美國的兇殺率仍然（略）高於其他西方國家。也就是說，美國人民普遍持有槍枝並不是美國高兇殺率的唯一原因，槍枝只是其中主要的一部分而已。問題絕不是只有擁有槍枝那麼簡單，這跟美國的社會以及特殊的文化意識形態有關。蘭道夫．羅斯認為人民對於國家的態度、個人在社會中所扮演的角色、特別強調個人或男性的榮譽、對暴力的容忍程度以及凡事靠自己的社會文化等因素，可以用來解釋為什麼美國的兇殺率或是人際暴力程度比其他西方國家還要高。

其他國家

全球兇殺案件的總數大約是每年八十萬件。在大多工業化國家當中，謀殺率可能有所下降，但還是有很多地區，特別是在非洲、拉丁美洲或是部分美國城市，其謀殺率仍然居高不下，甚至跟極度貧困的開發中國家的水準差不多。中美洲目前正面臨一些重大危機，某種程度上還可能會威脅國家以及民主政府的基礎。墨西哥境內還有所謂的毒品戰爭，其死亡率甚至僅次於正在面臨殘酷內戰的敘利亞。墨西哥政府於二〇一五年公布的數據顯示，二〇〇七年至二〇一四年間，有十六萬四千人遭到殺害。在這之後，還有很多人因兇殺案而死。雖然不是所有的兇殺案件都跟毒品或是毒梟集團有關，但絕大多數都是有組織犯罪的殺害案件。

在所謂的中美洲北三角地帶，包括薩爾瓦多、宏都拉斯和瓜地馬拉，其兇殺率甚至比中世紀的歐洲還要嚴重：薩爾瓦多每十萬人口有八十一宗殺人案件、瓜地馬拉三十一件、宏都拉斯五十九件等。導致這些國家公民社會瓦解的因素有很多，包含地方性腐敗、土地衝突、在薩爾瓦多與瓜地馬拉還有長達數十年的內戰，導致酷刑和大屠殺事件隨處可見，這些地方還有深層的代際創傷、原住民迫害，以及巨大的經濟和社會差距等等。

人們常常會用富裕國家中的低謀殺率作為一種證據，吹捧整體人類已經不那麼暴力。不過，這主要取決於說話者的背景或是所居住的地區。在部分美國城市中，像是底特律、紐奧良、巴爾的摩以及聖路易斯等，暴力程度都非常高，謀殺率大約介於十萬分之四十五至六十，跟部分拉丁美洲與非洲城市差不多，我們應該反思暴力在不同地區所帶來的影響。過分的男子氣概、渴望取得同儕的尊重、對國家體制結構缺乏信心、社區功能失調、對暴力的高容忍度，以及傾向使用暴力來解決問題等，這些因素都有助於我們解釋，為何某些國家的人民比起其他地方更加暴力。

第四章

神聖與世俗

從十六世紀開始，國家更加強勢地壟斷暴力。國家對外與他國宣戰；對內控制著有權執行暴力手段的司法體系，自行審判罪犯，並透過暴力脅迫或是對違法者施以體罰，藉以強制約束人民，讓他們遵守法律。在中世紀晚期或現代初期的歐洲出現一些新興主權國家，有些人認為他們會採用死刑作為一種手段，維護自身對暴力壟斷的控制與正當性。而這只是其中一種解釋方式而已，並不能真正解釋國家施行暴力行為的特殊性質為何。在西歐國家中，只有遭判重叛逆罪、輕叛逆罪、異教罪以及煽動叛亂罪的罪犯會接受最嚴厲的懲罰。其目的在於透過慣例、象徵或是儀式來傳遞一個普遍訊息——展示國家的「自然權威」。

歷史學家蘭德爾．麥高文（Randall McGowen）參考傅柯的論述並表示，該現象有一部分是因為國家缺乏社會監管的手段，同時，政府認為透過恐懼來嚇阻人民很有效。

從古至今，在許多文化當中都可以發現，人民普遍認為違反規則的人就應該接受死刑制裁，群眾普遍也喜歡圍觀，去看那些他們認為罪有應得的罪犯公開處刑或遭受大眾羞辱。這個現象顯示出權力與暴力之間的關係。為了瞭解這段關係，我們要先探討三個交互影響的因素：一、刑事司法系統的演變，因為其中的變化差異甚大；二、對於公開處決以及酷刑的態度轉變，例如，為何隨著時間推移，就越不常見到這些公開的懲罰，以及為何現代不再公開執行死刑；三、國家在公開處刑中扮演什麼樣的角色。

要瞭解這些公開懲罰的本質，就要先探討一個至關重要的問題：為什麼社會大眾要去觀看這麼殘忍的場面呢？是什麼動機讓倫敦人想去看絞刑？讓巴黎人去觀賞他人內臟被拉出，並分屍成四部分？（這有很多種不同的方法，如果受到絞刑的罪犯還沒有斷氣，他們的身體就會被切開，然後腸子會被拉出來焚燒，也就是懲罰中的「拉出」；另外，在受刑人被斬首後，他們的屍體會被切成四個部分，或是雙手雙腳被綁在四隻往不同方向跑的馬匹上，將身體拉成四個部分，這就是懲罰中的「分屍成四部分」）；讓中國人去圍觀斬首或是凌遲（被割一千刀而死的懲罰）？或是讓美國人對於目睹私刑趨之若鶩？這問題的背後原因非常複雜。在不同文化與時空背景下，人類是否共享著一樣的基本心理結構，讓我們喜歡看到他人受苦？每個時期的群眾對於圍觀暴力事件都有不同的歷史原因，但這似乎只是真實情況的部分原因。綜觀歷史，我們可以在每個時期都看到駭人聽聞的暴力事件，包含在現代的電影或是遊戲當中，也能看到類似的景象；這顯示出人類的本性，以及暴力的性質，同時可以令人反感，又讓人覺得新奇。

酷刑虐待

至少在法國大革命之前，公開折磨身體的情景可說是歐洲社會生活的一部分。歐洲的法律規範受到古羅馬傳統的影響，會藉由施以酷刑來當作懲罰的證據。在法國，酷刑分成兩類，第一種叫做「預刑」，這只會在司法法庭內執行，目的在於對受刑人逼供；另一種叫做「初刑」，這會在公共場合對被定罪的罪犯進行肉體上的折磨，目的可以是逼供，也可以是單純懲罰犯人。無論如何，人們都有一種根深蒂固的想法，認為肉體、痛苦與真相之間必定存在著關聯性。

這類的概念可能是在十八世紀開始有所轉變，當時社會對於痛苦、死亡、暴力以及苦難有不一樣的態度。就算在十八世紀沒有轉變，至少近期的社會普遍抱持跟以往不同的態度，這主要都受到傅柯在一九七五年出版的著作《紀律與懲罰》所影響。在一七五〇年至一八五〇年間，傅柯表示入獄服刑已經取代大部分的傳統懲罰方式，但目前人們對於這項改變的原因議論紛紛，不知道是否為啟蒙運動所造成的，還是更早期的刑事司法系統改變，進而引起司法改革。在十七世紀，歐洲已經開始不再執行酷刑虐待或是死刑，這段時期的人民也開始質疑肉體上懲罰的有效性，政府必須發展出其他更有效的方式，來控制社會。但把懲罰方式的改變歸因於啟蒙運動有點說不通。舉例來說，英國最後一次執行酷刑虐待是一六四〇年；而法國算是個例外，雖然當時已經不太執行酷刑，但還是有幾次零星的執行紀錄，這狀況一直持續到一七八八年，法國君主下令廢除，酷刑懲罰才正式劃上句點。在一七九一年，參與法國大革命的人們認為有必要再一次廢除酷刑懲罰，並不是人們認為酷刑是項暴政，而是因為酷刑跟「專制主義的社會假設」密不可分，廢除酷刑就代表著要推翻專制主義的社會體制。

而就算政府正式廢除酷刑，這也不代表酷刑懲罰就完全消失。一直到十九、二十世紀，歐洲的其他殖民地仍有酷刑的蹤影，只是功能不太一樣。在二十世紀下半葉的殖民解放戰爭中，像是在越南與肯亞等地，有數千名為自由而戰的戰士受到其帝國統治者的酷刑虐待。在阿爾及利亞，法國軍隊會折磨、殺害並且「失蹤」好幾千人，其中，「失蹤」只是一種委婉的說法，當時政府殺害政治犯，並不會告知其親屬該名政治犯經歷了什麼，或是他的屍體埋藏在哪裡。酷刑是一種專制政權常用的手段，像是史達林統治下的俄羅斯、希特勒下的德國、毛澤東下的中國以及波布下的柬埔寨，這些國家會把酷刑作為一種工具，用來問訊、羞辱或侮辱囚犯，同時也會拿來恐嚇人民。在冷戰時期，南美洲有許多惡名昭彰的軍政府，像是阿根廷、智利、烏拉圭以及巴西，這些政權會綁架、拘留並且虐待他們自行認定的政治反叛者，常常會讓政治犯直接「失蹤」。在阿根廷，小孩會在父母面前遭到酷刑虐待；在巴西，軍隊會使用所謂的「鸚鵡吊桿」把政治犯的雙腳與雙手綁在鐵棒上，並讓他以腳上頭下的方式倒吊著，並毆打或電擊他。沒有人知道到底有多少人被拉丁美洲的軍政府這樣虐待，其預估人數落在十萬人到十五萬人之間。而烏拉圭的軍政府是當中最糟糕的，在全國人民當中，每五十人就有一個人曾遭受酷刑問訊。我們對於非洲地區的酷刑狀況瞭解有限，不過我們知道伊迪·阿敏（Idi Amin）統治下的烏干達以及羅伯·穆加比（Robert Mugabe）執政時的辛巴威會系統性地執行酷刑。在種族隔離時期的南非也有類似的情況，安全部隊會對政治犯施加酷刑，甚至會將他們綁在明火上直接焚燒。而對於酷刑時的性虐待，特別是針對男性受害者，通常並沒有太多討論或是紀錄。

當然，酷刑是否合法並不重要；重要的是，如果國家認為有必要使用酷刑，酷刑虐待就會發生。一九八七年，聯合國提出《禁止酷刑和其他殘忍、不人道或有辱人格的待遇或處罰公約》，全球共有一百三十個國家批准；但目前卻還有一百四十一個國家會執行酷刑，或是至少還會實施殘忍、不人道或有辱人格的處罰方式，其中包含民主國家的代表，例如美國和英國。有些國家甚至提出「正當酷刑」的理論，來合理化解釋自身執行酷刑的原因。在九一一事件發生後，西方大國吹捧使用酷刑的好處，認為這是一種可接受並且「可信的」方式，能夠使犯人招供，並認為在緊急情況下，酷刑能夠拯救「數千條生命」；這種像是好萊塢電影般的情節，據我們所知，並沒有在現實生活中發生過。在所謂的「反恐戰爭」中，由國家所主導的酷刑虐待死灰復燃，先前認為不能接受的做法現在又重回檯面上，西方民主國家替自己辯護，聲稱自身有權對敵人做出各種事情。人們也很好奇，執行酷刑的人是否或多或少會受到電視內容的影響。在一九九五年至一九九九年間，電視的黃金時段共播出十二個虛構的酷刑場景；到了二〇〇二年至二〇〇七年間，電視上酷刑場景的數量增加到八百九十七個。美國的人權團體表示，美軍在伊拉克的問訊方式是從這些電視劇上學習而來的，在巴格達中央監獄以及入侵伊拉克時的代表性酷刑照片中（見圖2），一名戴兜帽的男子被迫站在一個箱子上，他的手上和脖子上都綁有電線；問訊人員告訴他，如果他跌下箱子就會全身觸電身亡。這只是其中一張照片而已，當時獄警負責拍攝相片，他們經

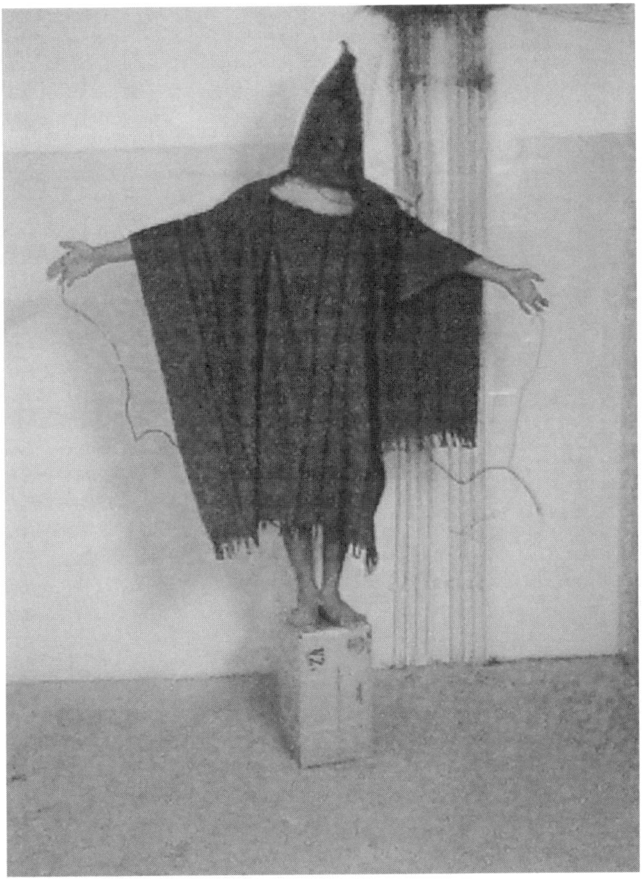

圖 2　西方把民主帶到伊拉克：在巴格達中央監獄中，一名蒙面男子被迫站在箱子上。

常會對著鏡頭微笑，執行酷刑的人似乎對自己的作品感到滿意。

酷刑通常會讓受害者留下創傷後壓力症候群（PTSD），不單單只是因為他們肉體上曾經歷過恐怖的暴行，還有他們的親朋好友事後還必須面對許多恥辱；但同時，這也可能會影響加害人或是相關的戰犯，至少對一部分的人來說，他們這輩子都必須要跟與暴行有關的記憶或是後果共存。當然，有些人會質疑，同一項診斷是否同時適用於受害者跟加害者。在某種程度上，德國跟日本的酷刑加害者是否算是納粹跟帝國主義的受害者？越戰時期，在南越的美國加害者，是否也算是美國帝國主義政策的受害者呢？

死刑與暴力場景

公開處決可能比公開展示的酷刑更加常見。在羅馬競技場竣工前幾個世紀，公開處決的地點都在市中心的廣場上。在古羅馬，罪犯通常是中午在競技場被處決。其中一個較為普遍的處決方式就是讓罪犯與野獸正面接觸；其他替代方式還包含把罪犯活活燒死、被迫參與角鬥士決鬥或是直接屠殺而死。在羅馬帝國瓦解後，一直到了大約十五世紀，歐洲都不太執行死刑，而且也不會有人想要圍觀。在中世紀時期，侵害財產相關的罪刑大多時候會比人際暴力來得嚴重許多，當時，人際相關暴力都可以透過支付現金來談判或是解決，通常包含支付罰金給執法當局，同時再付錢給受害者；而如果是兇殺案件，受害者已經不在，則是將賠款交給其家屬。然而，幾個世紀後，公開處決開始吸引人們圍觀，並在十七世紀的歐洲達到巔峰，隨後，潮水快速退去，人們對於公開處刑不再感興趣。到了十八世紀，人們又重新對於公開處決產生興趣。事實上，相較於先前幾個世紀，十八世紀與十九世紀初執行死刑的人數多出許多。

針對嚴重的罪行，像是弒父罪或叛國罪等，其相關的可怕懲罰方式都完整保留下來，例如被綁在車輪上，或是使用車輪，將犯人的身體壓得粉身碎骨；也就是說，執法人員會先用車輪輾碎罪犯的四肢，有些則是會把罪犯綁在車輪上，方法有很多；待處理完後，再把犯人剩餘的軀體綁在柱子上，供眾人觀看。這種慣例在法國一直持續到一七八七年；德國則是到了一八四〇年代才放棄該做法。在十八世紀，英國國會將可處以死刑的罪刑數量增加至少五倍，從一六八八年的五十項罪刑增加到一八二〇年的兩百四十項左右；相較之下，法國只有將六項罪刑處以死刑懲罰。當然，還是有許多英國人可以讓自己的判決變成流放懲罰，而逃過死刑，所以在一七七〇年至一八三〇年間，接受公開絞刑的犯人數量下滑到「相對適中」，總計只有七千人。到了一八四〇年代，英國死刑的罪刑內容經歷大幅改革，只有四大重罪會處以死刑懲罰，包含重叛逆罪、謀殺罪、海盜罪，以及破壞國家軍火庫或造船廠罪。

在倫敦，執行死刑的數量取決於社會對於該項罪刑的道德恐慌。十九世紀初期，執行死刑的頻率比起從英國歷史上的斯圖亞特王朝[1]以來的任何時期都還要多。在十八世紀年間，大多西歐國家人民都開始反思，研究該如何避免使用暴力或武力。雖然公開處決仍可在社會上看到，也會有群眾圍觀，但是大多民眾偏好直接讓犯人斷氣，像是使用所謂的「墜落」方式執行絞刑，也就是用滑輪讓罪犯直接從高處墜落，或是使用斷頭台，直接一刀兩斷，藉此用以取代漫長且痛苦的折磨，像是慢慢讓犯人窒息的吊頭懲罰，或是把內臟拉出來並將身體五馬分屍等方式。倫敦在一七八三年提出「墜落」的死刑方式，這是一個有效且人道的處決方法，不過由於「成本」過高，所以該方式無法在全國普遍實施，一直到了十九世紀上半葉，英國其他地方才開始使用這項懲罰方式。因為謀殺另一半，而遭判「輕叛逆罪」的女性會被綁在火刑柱上燒死，但她們在這之前，通常都已經被勒死。英國最後一次有女性被燒死是在一七八九年，隔天，政府就取消這項懲罰方式。斷頭台是在一七九二年由法國的革命者所引進，用來作為一種更加理性、更有效率並且更人道的處決方式，當時斷頭台是一種象徵，表示法國革命者的啟蒙思想：死刑應該要有其功能性，而不是一種供眾人圍觀的表演。重新理解人文地

1. 譯按：約介於一六〇三年至一七一四年間，共計一百一十一年。

理學家馬康斯．杜爾（Marcus A. Doel）的論述，暴力不再是用來表達立場的工具，而是用於完成特定任務。

對於大多數的學者來說，在十八世紀末與十九世紀初的歐洲，人們對於痛苦、折磨、死亡與暴力的態度似乎有很大的變化。人們普遍接受這項態度上的轉變，但是針對這項改變的本質以及改變的原因並沒有共識。對公眾展示暴力，特別是公開處決，似乎在一四〇〇年至一六〇〇年達到數量上的巔峰。在這之後，雖然還是有少數國家會公開展示暴力與殘酷的景象，但整體趨勢已經開始下降。諾伯特．伊里亞思（Norbert Elias）稍微受到佛洛伊德的影響，認為西歐國家歷經過「文明化的過程」，就跟專制或是民族國家壟斷暴力的過程一樣，人們的攻擊性衝動都壓抑下來或是整體變得較為溫馴。

這是其中一種切入角度，我們不太可能找出整體趨勢下降的確切時間以及原因。學者指出，相關的原因還可能有啟蒙運動、公領域的興起、西方經濟狀況的改變，以及國家集權化並對人民生活加強控制等。當時，從上而下的改革都是源自於上層害怕革命動盪時期的暴民、擔心社會的道德敗壞、認為遭判有罪的人沒有徹底表示懺悔，以及社會大眾愈來愈厭惡公開處決後，街上所展示的屍體殘肢與其味道，再加上因為啟蒙運動而出現的人道主義衝動，以及對於死亡隱私的想法轉變等，這些因素都促成大眾態度的改變與法治上的改革。

然而，處決案件通常都是由國家負責出資的大型公共活動，吸引好幾百人圍觀，在大城市裡，甚至會有幾千名觀眾。在十八世紀的英國，會有高達十萬名群眾前來觀賞絞刑。在倫敦，圍觀群眾在囚犯從新門監獄行進到今天大理石拱門附近的泰伯恩莊園（當時公開處決的傳統場所）時的各種失控行為，也讓政府當局擔心自己失去對整個執行過程的控制。這也造成一七八三年的公開絞刑場所必須重新調整，改在新門監獄的門口執行，但這次地點調整的原因眾說紛紜，歷史學家維克多．蓋特瑞爾（V. A. C. Gatrell）認為，這個調整可能不是出自人道因素，而是跟房地產開發廠商的擔憂比較有關。即便如此，當局仍然希望透過取消絞刑前的遊行儀式，以及控制人群規模，來恢復公共秩序。但事與願違，當時還是有好幾萬人會定期圍觀政府執行絞刑，這狀況持續到一八六八年公開處決正式廢除後才停止，而且當時人們還對於公開絞刑的益處進行的激烈的討論。

司法處決的數量在十九、二十世紀穩定下滑，並在世界上逐漸消失；到了二十世紀下半葉，全球許多國家都不再執行這類的死刑懲罰。最後，我們交由科技代勞，負責執行死刑，目的是要讓整個過程更為人道。雖然受到當時新興電力產業的反對，美國仍在一八八九年通過並執行《電動處決法案》（Electrical Execution Act）。威廉．凱姆勒（William Kemmler）因為殺害自己的另一半瑪蒂爾達．琪格勒（Matilda Ziegler）而遭判死刑。在一八九〇年八月六日，威廉在紐約奧本監獄中，成為第一位透過電椅伏法的受刑人。但過程並不順利，執法人員總共花了兩分多鐘才讓威廉斷氣，他的死亡過程充滿極度的痛苦。英國最後一次公開處決是在一八六七年，法國則是一九三九年。從一九三六年開始，美國的處決案件都是在監獄內執行，但是根據不同的州法律規定，有些州允許受害者的親朋好友或死刑犯的家屬觀看整個伏法過程。

在本書的寫作過程中，全球仍有五十六個國家可以合法執行死刑，包含中國、伊朗、沙烏地阿拉伯、伊拉克以及埃及等。目前，中國每年執行死刑的數量位居全球之冠，據估計，中國在二〇一九年總共執行了六百五十七次死刑，但是全球特赦組織表示，實際伏法的受刑人數至少上看數千人。日本的處決過程全程保密到家，沒有人知道處刑地點為何，死刑犯也是在當天早上才收到通知，並於晚上伏法，死囚的家屬通常只會透過媒體得知處決的消息。

在過去兩百年間，歐美各國因為人道相關討論的興起，而漸漸不再執行死刑。至今，大多西方國家都已經廢除死刑，但全球還是有六成的人口，其所屬國家是允許死刑的。在這些允許死刑的國家中，如果人們有討論廢死的議題，通常都會把論點圍繞在人類生命的神聖與尊嚴。

宗教與暴力

英國的啟蒙運動以及法國大革命或多或少都是想把宗教與國家分離開來。啟蒙運動時期的哲學家認為，我們必須廢除君主制度以及宗教，地球上才可能會有和平；法國哲學家丹尼．狄德羅（Denis Diderot）也表示「人類如果要獲得自由，就要用最後一位牧師的腸子，把最後一位國王絞死。」這種情緒性論點預告著法國即將迎來的革命暴力，此時教會與政府、精神與世故之間的分歧卻是歷史上少有的。過去生活在地球上的人，從來沒有想過宗教會從政治或生活中脫節，當然，全球還有許多國家屬於政教合一。關於宗教在過去有多少能力能夠導致或煽動暴力，目前仍然眾說紛紜。這通常取決於個人對宗教的定義方式，還有如何理解其影響力。

部分著名的知識份子都是無神論者，像是理查德．道金斯（Richard Dawkins）、克里斯多福．希鈞斯（Christopher Hitchens）和山姆．哈里斯

（Sam Harris）等，他們認為宗教的本質就是暴力的元兇。然而，威廉・卡瓦納（William Cavanagh）以及凱倫・阿姆斯壯（Karen Armstrong）則持相反的立場，反對這些說法。凱倫・阿姆斯壯主張，現代社會把信仰當成替罪羔羊，但其實大規模組織暴力與宗教無關，反而是跟人性與國家息息相關。二〇〇四年，BBC針對過去三千五百年間所發生的主要衝突進行歷史性的審查，討論這些戰爭中，有多少是與宗教有關、是因為宗教所產生，或是主要的領袖是宗教人士，並將程度用〇分到五分進行評級；其中，前四六〇年的伯羅奔尼薩戰爭（Peloponnesian Wars）評級為〇分（與宗教無關）；而十字軍運動評級為五分（與宗教息息相關）。蓋達組織評級為四分，美軍二〇〇四年入侵伊拉克的評級為三分，主要是因為時任總統小布希表示，上帝是站在他這邊；過去三千五百年的戰爭中，大多評級都落在〇分或一分。也就是說，這次的審查得出一項結論，真正因宗教而爆發的戰爭並不多。

這次的審查只是其中一種看待問題的角度，它並沒有考量到歷史上同樣也奪走許多性命的宗教「運動」，像是歐洲曾追殺異端與獵巫活動，還有中國的太平天國起義，這些宗教相關運動都造成數百萬人喪命。另外，暴力的邪教團體也不包含在這次的審查當中，例如在蓋亞那的瓊斯鎮有啟示錄邪教[2]，當中有九百名信徒集體自殺；在德州韋科圍攻事件（Waco siege）[3]中，也有八十六人在過程中不幸身亡。這份歷史審查也沒有考慮到過去這段時間內，宗教在社會紛擾、政治動盪或是戰爭中，出現了什麼變化。同時，它也沒有告訴我們宗教是否引發更多的暴力活動，或是宗教讓這個世界或社會變得更加和平；而我個人認為，宗教是一體兩面，上述兩者兼具。宗教可以是寬容與接納，但也可能是完全不容異己，誅殺其他所有聲音。這一切都取決於當時的歷史或文化脈絡。

過去許多的宗教暴力都具有高度的儀式性，舉凡活人獻祭、食人儀式到北美洲與中美洲原住民的割頭皮習俗等。在這些情況下，暴力是屬於宗教儀式的一部分，但要證明暴力與宗教之間的因果關係並不容易。在現代的西方社會中，宗教所扮演的角色已不復以往，但在許多國家中，宗教仍然具有一定的影響力。極端主義與恐怖主義是本世紀最急迫的問題，這些暴力通常是以宗教為名而爆發。以中東地區為例，雖然其政治與宗教之間的界線非常模糊，但伊斯蘭教中的遜尼派與什葉派之間的緊張關係，都是因為宗教的緣故，導致數千人死亡。如果宗教成為極端暴力的動機之一（這部分值得商榷），那麼或許我們要把宗教視為群體暴力文化的一部分，不同群體的人會認為自己正遭受攻擊，因為他們受到其他群體文化的影響；也就是說，彌賽亞猶太復國主義者、好戰的基督徒、印度錫克教徒、佛教徒和穆斯林原教旨主義者都能以其宗教之名，做出暴力行為。除此之外，宗教在現今社會中的暴力事件或戰爭中也有一定的影響力，透過提供信徒一個「替代現實」，作為意識形態的框架，將其演變成暴力行為。宗教不見得是導致暴力的原因，但宗教往往提供施暴者一種道德上的正當性。

2. 譯按：此為於美國印第安納州發跡的人民聖殿教。
3. 譯按：又名大衛教慘案。

第五章

集體暴力

人際暴力或親密暴力通常是個人或是一小群人之間的暴力衝突，而集體暴力卻完全不同，這類暴力通常涉及一大群人，有時候他們會被貶稱為暴民，而這也可能跟特定組織的群體有關，根據每次暴力案件的情況不同，組織程度也不一。歷史上就存在著許多不同的集體暴力類型，有為求生存的暴動，也有大規模起義，或是革命活動等等。在過去幾個世紀，在歐洲、中國與印度所發生的騷亂活動都跟人民生計脫不了關係，也就是說，人民長久以來都活在害怕餓肚子的恐懼下，並造成糧食動亂或是反增稅的暴動。到了十九世紀中葉，由於農業生產力提升、現代化的交通運輸，以及地景愈來愈都市化，曾經導致西方國家爆發多起抗議活動的糧食供給問題最終得以解決，而糧食短缺相關的騷亂也在歐洲平息下來。跟糧食供給有關的集體暴力案例現在基本上已不復存在，但有時候還是會爆發零星的騷亂活動，像是二〇〇七年與二〇〇八年，因為全球物價大幅上漲，所以在非洲與孟加拉出現動亂；二〇一六年至二〇一七年間，因為國家經濟情況急速惡化，所以委內瑞拉爆拉數千起的抗議行動等。

這裡可以看出兩種區別：第一種是所謂的自發性集體行動，這些抗議主要是因為人們看到不公不義，憤而採取行動；第二種是長期性、大規模的集體行動，這通常需要有某種組織帶頭發起。稍後，我會討論這兩種不同形式的暴力之間有何區別。集體暴力的範疇很廣，可以是犯罪，也可以是政治；可以是幫派，也可以是組織犯罪，甚至是暴動，還可能是罷工與社會運動等，如果參與者想要達成目的，並認為當下已經無計可施，這些活動就可能涉及暴力行為。在二十一世紀初，就有許多社會運動演變成暴力事件，包含白人極端主義者與反法西斯主義者之間的衝突（反法西斯主義運動）、黑人的命也是命社會運動，以及二〇一九至二〇二〇年香港的民主運動等。

我們無法在這涵蓋討論到所有形式的集體暴力，也不可能得出普遍性的結論；所以，我會聚焦在四種不同的集體暴力類別，並且解釋這些暴力在過去幾百年間出現哪些變化。第一跟第二類與叛亂還有革命有關，討論除了糧食問題外，到底還有什麼原因讓人民想要參與叛亂或是革命？他們的動機為何？為什麼有時候會對當權人士做出殘忍的暴力行為？為什麼有其他抗議群眾時，人們的言行舉止會跟私底下不同？又是什麼原因會讓民眾想要起身推翻政府？第三類跟宗教與族裔（或是種族）的暴動有關，這兩個因素常常同時出現，但並非絕對；這類暴力在歐洲一直持續到二十世紀才逐漸減少，而至今在其他國家仍然時有耳聞。我們可以透過兩起個案，來瞭解這類的暴力：東歐的暴力事件以及美國的私刑。第四類集體暴力跟犯罪有關，我會聚焦於美洲的幫派暴力事件。但是，在我們開始之前，我想先討論「群眾心理」這個棘手的問題。

群眾心理

到底有沒有群眾心理這一回事？為什麼人們處在某一群體時，會做出很多他們私底下從不會做的行為？古斯塔夫．勒龐（Gustave le Bon）於一八九五年的著作是群眾心理領域的經典作品，書名為《烏合之眾：大眾心理研究》（*The*

Crowd: A Study of the Popular Mind），目前共翻譯成十六種不同的語言，名列史上最具影響力的心理學著作。這本經典作品提出二十世紀大眾政治的理論與概念，並成為墨索里尼與戈培爾的引用資料來源。勒龐認為，一旦人們聚集在一起，他們就會喪失自我的獨立性。獨立性的基礎就是判斷與推理，所以民眾如果受到群體的影響，他們就會直接接收當時所有群眾的想法與情緒；因此，人們會展現出原始本性，並做出殘暴的行徑。這樣的群體就會變得非常不理性，還可能充滿暴力。勒龐寫道：

> ……只要一個人成為組織群體中的一部分，那他就會從文明階梯中，下跌好幾個梯級。如果他孤身一人，那他就能夠陶冶自我的獨立性；若是身在群體中，他就會展現出原始的野性，這是人類的本能……在群體中的每個人就像一粒沙，聚集成為一片沙地，任風隨意吹拂擺弄。

然而，這種觀點充滿政治性，是為政治現狀提供辯護，而這句話試圖證明我們應該害怕「普通老百姓」，因為他們都可能是文明的潛在威脅；不過，大多數的群眾並不具有暴力傾向，像是演唱會、運動賽事以及大部分的示威遊行等。至今，許多社會學家與心理學家都不接受「群眾心態」的觀點。斯蒂芬·里奇（Stephen Reicher）挑戰群眾病態化的看法，並認為民眾不會因為身在群體間，就放棄自身身份或迷失自我；相反地，加入群體的每個人會接受新的集體身份認同，這是一種符合規則框架的認同感。歐洲的足球流氓便是如此，他們通常具有高度的組織性，並且遵循充滿儀式感的暴力模式。群眾並不超脫於特定社會環境之外，他們的組成是為了回應特定事件，並受到群體內的其他想法塑造或制約。

近期，有學者提出三種不同的社會學理論，試圖解釋群眾行為。第一種是趨同理論（Convergence Theory），支持此論點的學者表示，群體是由一群志同道合的人所組成，他們先前就已經具備相似的價值觀或信念。如果該群體做出暴力行為，那是因為這些聚在一起的人本身就有暴力傾向。第二種是緊急規範理論（Emergent Norm Theory），其支持者認為，志趣相投的人要先群聚，才會知道後續會出現什麼行為，而這些人絕大部分都很理性。第三種是最有影響力的理論——增值理論（Value-Added Theory），也稱為結構應變理論（Structural-Strain Theory），此論點認為只有在四個先決條件都滿足的情況下，才會出現社會運動與其他集體行為，其中包含：一、結構性壓力，當人民對於某些社會問題感到不滿或失望時，這股壓力就會出現；二、普遍信念，這囊括民眾對於社會問題的理解，還有他們所認為的解決方式；三、觸發因素，要有可以突然引發暴動／社會運動／示威遊行的事件；四、缺乏社會控制，也就是參與者參與群體活動後，不會被逮捕或是接受懲罰。要先滿足這些條件，才會出現各種集體行為。二〇二一年一月，憤怒的暴民衝進華盛頓的國會大廈就是個例子。

群眾與「報復文化」

歐洲的集體政治騷亂就跟糧食動盪一樣，越接近現代就越少見。美國社會學家查爾斯·蒂利（Charles Tilly）總結長期的趨勢，並指出：

整體來看，西歐與北美在十九世紀開始出現抗爭劇目[1]，相較於先前的動亂，近代抗爭中出現暴力的機率比較低。先前在十八世紀，除了會有羞辱人的儀式外，抗爭群眾還會入侵他人土地、扣押穀物、驅趕不討喜的政府代表、破壞機器、砸毀人們認為不潔的住宅，還有很多不同的直接暴力行為，但是到了十九世紀，這些做法幾乎都消失了。

另外，蒂利發現十八世紀至十九世紀初期，英國的聚會、騷動、示威或集會活動數量並沒有下降，但有參與者遭殺害或是受傷的群聚活動數量卻大幅銳減；也就是說，政治的抗爭活動已經沒有以往那麼暴力。但其中仍然有些例外，像是在一八一九年八月十六日的彼得盧屠殺事件（Peterloo Massacre）當中，要求國會改革的抗議民眾在曼徹斯特遭到民兵攻擊，造成十八人死亡和數百人受傷。在這之前，一七八〇年的戈登暴亂（Gordon Riot），原先是希望可以減少對天主教徒的歧視，後來演變成十八世紀英格蘭最暴力、時間最久的動亂活動，整起事件造成兩百八十五人死亡、兩百人受傷。

綜觀歐洲歷史，大多時候只要出現經濟上、政治上或宗教上的改變，就會引發城市或是農村居民的暴動或起義；而這類狀況時常發生。法國學者尚恩·尼古拉斯（Jean Nicolas）負責的一項研究顯示，在一六六一年至一七八九年間，光是在法國就有至少八千五百起涉案人數四人以上的暴力事件。法國歷史學家奧雷利安·利涅勒（Aurélien Lignereux）盤點一八〇〇年至一八一三年間法國海外屬地的抗爭事件，共計四百六十起；一八一四年又額外增加七十一起事件，而這些都不包含發生在法國境內的一千起左右抗議活動。歷史學家偏好只聚焦於發生暴力事件的騷亂活動，但這麼做可能會混淆視聽。最近一份關於法國大革命的研究報告顯示，一七八七年至一七九五年間，絕大多數走上巴黎街頭的抗議份子都沒有做出暴力行為。這可能會是個有趣的題材，探究其他歐洲地區或是其他國家發生在城市中的抗議是否也是如此，以及法國的大眾政治對於其他地區的抗議活動

1. 譯按：參與者加入抗爭，發展並依循特定的抗爭手段、方式及流程，就像劇目一樣傳播開來，供他人重複使用。

有多大的影響力。

暴力行為通常不是群眾面對改變的第一反應，而是一連串不公不義所累積下的產物，人民不願接受的改變包含政府新增稅收項目、增加賦稅、穀物或麵包成本上漲、強制徵用民宅做為軍營、改變農業系統，也可能是他國入侵某一地區，或對某一國家開戰等因素。世界上並沒有所謂的「典型騷亂」，大多數抗爭活動的背後原因都很複雜。英國在十六、十七世紀出現最大的人民抗爭活動，起因是當時的圈地政策；大多數的抗議份子會去攻擊政府官員，因為他們認為當局都在濫用職權。這就是歷史學家威廉・貝克（William Beik）所認定「報復文化」的展現。也就是說，群眾行為中存在一部分的報復元素，人們希望懲罰特定人士，認為這些人應該做得更好才行。

某些學者表示，在不同時期的歐洲，集體暴力的本質會跟著有所改變；查爾斯・蒂利的觀點是人們的抗爭活動變得比較平和，但威廉・貝克的論點則傾向暴力程度還是時好時壞。威廉認為群眾的暴力行為可以歸因於傳統的起義或是騷亂活動，這些都已經流傳好幾個世紀。一旦人們認為政府當局在濫用職權，群眾就會上前攻擊。然而，傳統的暴力模式，也就是「報復文化」，也會隨著時間推移而有所改變，法國大革命看起來就是這項改變的轉捩點。在法國大革命期間，人們可能是第一次看到，有人會把遭砍下的頭顱當成戰利品，並插在旗桿上到處遊行展示。當然，打從中世紀或是近代早期開始，這些從罪犯身上砍下的頭顱或是他們剩餘的屍體通常都會放在城堡的外牆，或是烏鴉石台[2]上展示，而在法國宗教戰爭中（一五六二至一五九八年），屍體的其他部分甚至會拿來展示或是販售，目的在於羞辱受害人。但是根據貝克的說法，對於這些參與革命的群眾來說，他們當下的行為源自於一種新的複雜情緒，喜悅中又含有恐懼。

法國大革命期間出現一種新的儀式性語言，並且迅速傳播開來，但不到幾年就消失殆盡。我們來看個例子，一七九二年九月，普魯士軍隊入侵法國，並且持

2. 譯按：是一座凸起的平台，人們會把處決後的屍體放在該台子上；取這名字是因為烏鴉會在屍體腐敗後，前來飽食一頓，因而得名。

續向首都進攻，巴黎也已接受到這個消息；與此同時，還有謠言四起，指出暗中反對法國大革命的巴黎人正在幫助敵軍，密謀協助普魯士進犯首都。當時的極端人士，也就是雅各賓黨，闖入監獄並開始殺害獄中的受刑人，包含牧師、貴族、婦女或是普通的犯人，因為這些人很有可能是反革命份子；不到幾天的時間，至少有一千一百至一千四百名受刑人遭到殺害。

這裡顯示出集體暴力出現本質上的變化，剛開始人們想要懲罰並且羞辱那些不公不義事件的加害者或是做錯事的犯人，而現在人們希望可以直接消滅持有不同政治立場的敵對者。但在革命期間又出現進一步變化，國家當局得以再次掌權並控制暴力；革命國家的暴力再次逐漸取代人民暴力，這部分國家暴力的內容會在下一章節詳細剖析。在一七九三年至一七九四年的法國恐怖統治時期，包含貴族、神職人員、農民與工人在內，不論社會階層為何，只要被視為是反革命份子就會被處決，受害者共計四萬人左右。同時，法國旺代（Vendée）發生恐怖內戰，許多人民喪命，包含二十五萬名叛亂份子以及二十萬傳統王室主義人士。

革命

爆發革命的前提是複雜且分層明顯的社會，不過發生的頻率極低。革命的英文「revolution」是在十六世紀義大利的文藝復興時期初次使用，字源來自拉丁文「revolutio」，表示權力的頻繁更迭。只有在現代社會中，「革命」才開始代指透過暴力推翻現有政權的重大改變，通常代表著與過去完全斷連。現今幾個主要的革命事件都非常複雜，吸引許多學者投入研究、激烈辯論或是建立假說，也因為如此，我們在此無法提出結論，概括論述這些大大小小革命的背後起因為何。

小型騷亂活動或大型起義運動跟「革命」有何區別？關鍵在於人民的想法，再加上革命者是否想要激進地改變社會或政治形態。同時，促成革命可能要先具備特定的指導原則或意識形態，目標在於徹底改變社會，然而這些並非革命前的必要條件；意識形態可以是動員組織團體事後採納、大力推廣，並作為該次革命的指導原則，像是俄羅斯的布爾什維克就是很好的例子。自從十八世紀末開始，許多重大革命都會牽扯暴力行為，革命與暴力往往密不可分，例如當革命從溫和轉向激進，社會和政體徹底改變時，革命過程就會出現政治和社會的清洗行動，以掃蕩異己。這樣的做法通常會引發內戰，或是造成與他國兵戎相見的後果，因為革命者有時候會發起聖戰，試圖將自己的意識形態傳給別人；有時候也可能是因為其他群體或是政府為了恢復舊有秩序而介入，進而引發內亂。在反殖民革命的案例中，相關起義運動又稱為「反殖民戰爭」，反殖民的想法發散蔓延至周遭國家，並在美國、法國、海地、墨西哥、俄羅斯與中國發生這類革命，同時，拉美地區與越南也有出現類似的運動。

基本上，大多都是狂熱份子會參與革命運動，他們會用自己一套明確的標準看待世界，也就是說，他們的意識形態或是革命動機可能會得到他人支持，也可能與旁人背道而馳。那些不順從革命者意識形態的人就會被當成是障礙，一直阻擋革命大業，所以這些人會變成「敵人」，並註定受到迫害，通常也可能直接被消滅。而革命者排除異己的過程十分迅速，往往充滿殘酷與無情。因此，革命過程中會出現若干位領袖，但隨著革命運動變得越來越激進或是專制，這些領軍人物也會被其他革命份子推翻。這種情況就曾發生在法國大革命期間的丹敦（Danton）和羅伯斯比（Robespierre）身上；同時，也在俄國革命期間的托洛斯基（Trotsky）、季諾維耶夫（Zinoviev）和布哈林（Bukharin）等人身上發生過。事實上，這個模式不斷重複出現，幾乎可以在現代的每一場革命中看見，舉凡北朝鮮、越南或是伊朗都曾出現過。革命組織通常會認為外部世界道德淪喪，他們必須發動革命改變，例如柬埔寨紅色高棉的領袖波布（Pol Pot）就是如此。波布試圖徹底消滅現有的政治與社會結構，並且讓一切從零開始，但他這樣的做法帶來毀滅性的後果，並被後人稱為「殺戮戰場」。在紅色高棉政權的統治期間內（1975-1979），共計至少有一百萬人喪生。

發生革命的背後原因跟革命運動本身一樣，充滿許多可能性，但我們仍然可以從中找出一些固定的模式；其中，革命運動往往會涉及一些結構性因素，例如菁英階層對現有政權的不滿，社會上出現嚴重的經濟和財政危機，讓國家瀕臨破產，通常還會伴隨著人民生活成本上升以及糧食短缺等問題。重大自然災害可能會加劇財政或經濟危機，就像是法國大革命期間所面臨的狀況；而對外軍事節節敗退，也可能會使整體危機更加惡化，俄國革命的背景就是如此。這些因素會摧毀國家政府或領導者的權威與執政正當性，但要演變成革命還需要其他要素同時發生，例如民眾普遍不滿的情緒高漲，再加上軍隊或警察等國家強制機構的動搖，並選擇與抗議群眾站在同一陣線等。一旦執政者與人民完全脫節，並持續奉行隔離政策將菁英與民眾進一步從國家中分離開來，該政權就會被視為喪失正當性，並且不具公平性；一九八九年西奧塞古（Ceaușescu）執政下的羅馬尼亞就發生過這樣的狀況。

雖然這裡提出許多革命的特性，但這不代表所有的革命運動都該充滿暴力，或是一定會進入激進階段；一九八九年，捷克斯洛伐克的「天鵝絨革命」便是和平革命的代表；二十一世紀初的「顏色革命」也是如此。在這些例子當中，菁英階層並沒有對政權不滿、當局還能夠有效控制國家強制機構，政府也算是相對穩定。有些為了推翻腐敗政權的革命運動，通常他們這麼做的結果只會換得另一個有專制傾向的腐敗政府；這種情況就發生在烏克蘭、「阿拉伯之春」期間的中東地區，以及現今的東歐國家。

革命會留下什麼影響？革命的產物可說是好壞參半。美國獨立革命是希望可以打造一個民主政權，而某種程度上，革命人士達成了這項目標；然而，這場運動卻也創造出以奴隸制度為基礎的政體，並替一八六〇年政治分裂與南北戰爭埋下導火線。法國大革命之後迎來嚴峻的內戰，造成一百萬人死亡，接連而來的是長達二十二年的戰爭，全歐洲還有數百萬人因此喪生。俄國革命同樣也引發內戰，並奪走數百萬條人命；最後俄羅斯在史達林政權之下實施集體化、大規模驅逐以及政治壓迫等政策，又有數百萬人因此喪命。同樣地，中國的內戰後發生文化大革命，有好幾百萬人不幸喪生。簡單來說，革命通常不會帶來更多的自由與人權。事實上，二十世紀所出現的革命往往導致人身自由受限，並且讓獨裁政府有出頭的空間，而這些新任政府通常比先前的政權還要更糟糕。

集體暴力中的種族與宗教

其他類型的集體暴力與族裔或宗教環環相扣；我們可以在印度看到相關的案例，例如，穆斯林與印度教徒之間充滿許多紛擾，或是印度教徒跟錫克教徒之間不停的糾葛；同時，緬甸的佛教徒也會攻擊穆斯林等等。我們在這先把重點聚焦於歐洲猶太人所面臨的大屠殺，這種集體迫害行為持續了九個世紀之久，直到第二次世界大戰結束才告一段落。「Pogrom」（破壞）一詞可以追溯到俄文當中的「閃電」或是「暴雨」，但該詞最早是用來代指一八八一年至一八八四年間，俄羅斯帝國街頭上非猶太族群暴民的反猶太暴力事件；後來，這個詞變成騷亂的代名詞，不論在何時何地發生騷亂，都可以使用「Pogrom」。絕大多數最早的騷亂都發生在所謂的「居住區」（Pale of Settlement），這個地區是俄羅斯帝國在一七九一年至一八三五年間所取得的領土，其地理位置包含現今的白俄羅斯、立陶宛與摩爾多瓦境內，還有烏克蘭和波蘭的大部分地區，以及拉脫維亞與俄羅斯的部分區域。當時，俄羅斯帝國政府禁止猶太人定居在「居住區」以外的俄國領土。有時候，一八二一年在敖得薩（Odessa）發生的攻擊事件會被視為俄羅斯帝國最早的騷亂事件，但是大多歷史學家卻認為一八八一年葉利沙維特格勒（Elizavetgrad，位於現今烏克蘭境內）[3]的攻擊事件才是俄羅斯騷亂現象的開端。葉利沙維特格勒的暴力事件迅速擴散至俄羅斯南部與烏克蘭境內，共計七個省份，農民攻擊者搶劫猶太人的商店和住宅並破壞猶太財產。許多人在這些騷亂事件中被攻擊或謀殺；許多女性也受到性侵害。一八八一年，騷亂活動在基輔、敖德薩等其他好幾百個地點爆發。這些惡意攻擊的主要動機是反猶太主義的意識形態，猶太人被視為是諸多問題的罪魁禍首，像是經濟狀況疲軟或是政治不穩定等等。除此之外，還有人聲稱猶太人殺死了耶穌，甚至還有關於血液的謠言詆毀

3. 譯按：現名為克羅皮夫尼茨基（Kropyvnytskyi）。

猶太人，認為他們會殺害基督徒的嬰孩，並使用孩子的鮮血製作無酵餅，這是一種猶太人在逾越節所吃的薄餅。

一直到二十世紀初都還有騷擾猶太人的活動，有時候還是俄羅斯帝國的官員負責煽動（見圖3）。針對猶太人的騷亂在一九〇三年至一九〇六年間特別暴力。一九〇三年，在現今摩爾多瓦境內的基希涅夫發生一起駭人的騷亂活動，有好幾十位猶太人因此喪生，數百棟住宅或店家也都被破壞得片瓦不留，迫使數萬名俄羅斯籍的猶太人趕緊逃離當地。一九一八年至一九二二年俄國內戰期間，預估大約有五萬至二十萬名猶太人遭到殺害，還有數千名猶太裔的女性遭到性侵害。在中歐地區，這些現象一直持續到兩次世界大戰期間都能看見，到後來納粹德國甚至在街頭就對猶太人施以暴力行為。一九三八年十一月九日至十日，納粹黨挑起一波暴力浪潮，稱為「水晶之夜」（Kristallnacht）。

攻擊猶太人的街頭暴力一直到第二次世界大戰結束前都沒停歇過。在德國占領的許多地區中，納粹官員與士兵會支持並鼓勵騷亂活動。一直到二戰結束後，

圖 3　在 1904 年比亞維斯托克（Bialystok）騷亂中喪生的猶太人被安放在猶太醫院外。

歐洲境內仍然會發生零星的騷亂。一九四六年，波蘭開耳策（Kielce）發生一起駭人的騷亂，加害者攻擊返鄉的猶太大屠殺生還者，造成四十二人死亡。這一起的騷亂活動，導致原本就已經夠悲慘的猶太人紛紛離開歐洲，向外尋求庇護。

在美國，一直到十九世紀為止，集體暴力一直都是生活的常態，產生暴亂的原因非常多，但通常都跟種族、族裔、就業以及政治立場息息相關。以紐約市為例，當時全市人口不到二十萬人，但是在一七八八年至一八三四年間，就發生至少七十起因為族裔、工作或政治的暴亂活動。有些暴亂會有數百人參與，並持續好幾天之久，像是一八六三年的紐約暴亂運動，最後導致約一百二十人死亡、兩千人受傷。美國發生過最大的一起種族暴亂是在一九二一年，位於土爾沙（Tulsa）的格林伍德（Greenwood）原先是個繁榮的黑人群聚社區，因為一位黑人擦鞋男童遭指控襲擊一名白人電梯小姐後，該城市慘遭破壞、片瓦不留。沒有人知道確切死亡人數有多少，可能有數百名喪生，並且至少八百個人受傷。上述兩起暴亂都是種族大屠殺，是由白人負責煽動並襲擊黑人社群；但同時，黑人也會組織暴亂，例如一九六〇年代的民權運動以及一九九二年的洛杉磯暴動，都有許多黑人參與，歷史學家伊莉莎白・希頓（Elizabeth Hinton）將這些暴動稱之為「暴力反抗」。

特別是在西部的邊緣地區，私刑十分盛行，在美國南北戰爭結束後，私刑仍然在美國南方持續存在一百年左右。在美國部分地區，執政當局有時會批准甚至參與私刑，只要這些活動是擁護白人主義，官員就會選擇睜一隻眼、閉一隻眼。在一八八二年至一九六八年間，全美共計有四千七百三十三人遭受私刑死亡，其中大部分都是黑人（見圖4）；另外，還有三分之一左右的受害者算得上是「白人」，包含義大利裔、墨西哥裔，還有些白人被指控是「偏袒黑鬼的人」（當時的語言便是如此）。當然，我們很難對於私刑概括而論，但是，在討論暴民主導的大規模殺戮或是私刑時，我們可以看出一個共通點，受害者通常會被殺害兩次。受害者被私刑處死後，他們的屍體會被任意肢解、隨手亂打、焚燒或是碎屍萬段。這些暴行都是為了進一步羞辱受害者，並希望在這過程把受害者的肉體蹂

圖4 1920年8月3日，少年利格・丹尼爾斯（Lige Daniels）在德州中心小鎮被處以私刑而死。

躪地難以辨識，看不出原本的人樣，同時也向其他人傳遞警告。

美洲的幫派暴力

近期的集體暴力大多都可歸因於幫派組織的犯罪活動。在中美洲，這些幫派份子被稱為「馬拉」（maras）；而奈洛比（Nairobi）的貧民窟將黑幫稱呼為「盟吉姆基」（Mungimki），洛杉磯的「十八街黑幫」至今還控制部分區域；而薩爾瓦多境內則是還有名為「MS-13」的幫派橫行。有非常多不同種類的幫派，舉凡低階的街頭幫派，到大型組織互爭地盤，或是參與跨國的犯罪集團都有。黑幫份子有很多規則，一旦違規就可能會被殺害，其中包含：拒絕加入幫派、加錯幫派、或者在被要求合作時拒絕幫派，例如，幫派有時候會要求成員交出財產，像是房屋或是農地等。而這些幫派份子跟屠殺、大規模殺戮或是種族清洗的加害者有一項共同點，那就是這些成員都有同儕壓力，他們會選擇屈服並加害他人。黑幫通常遵循一套榮譽規範，這種規範類似於其他文化、其他時代男性所遵循的規範。舉例來說，就像在義大利文藝復興時期或十九世紀的希臘，男性通常會遵循特定的道德和行為準則。

墨西哥社會學家羅爾．吉連（Raúl Rodríguez Guillén）表示，二〇一五年墨西哥發生公開私刑的數量至少有七十八件，是二十五年來的新高（見圖5）；該數字甚至是二〇一四年的兩倍之多。另外，墨西哥在二〇一七年還有其他六十起不公開的私刑案件；該數字在二〇一八年來到一百七十四起，其中的五十八件私刑都涉及人命。不是所有的私刑都跟販毒集團有關，有時候，私刑的加害人只是一般暴民，他們追求社會正義，所以才會攻擊犯罪的嫌疑份子。在解釋中美洲的私刑行為時，我們可以採納若干觀點，其中包含對於文化的廣義解釋，以及缺少強大公民社會的力量等等，但我想先概括性地提出下列兩點：第一、會發生私刑是因為暴民看不見希望，並且大多數人有著同樣的無力感。就以墨西哥為例，高達百分之九十八的殺人犯一直逍遙法外，而且在某些地方幾乎不曾見到政府的

圖 5　2012 年 5 月 4 日，在墨西哥的新拉雷多（Nuevo Laredo），疑似洛斯哲塔斯（Los Zetas）販毒集團的成員被吊在橋上。

介入；根據估計，墨西哥刑事報案率甚至只有百分之十二，民眾已經對政府失去信心，不認為當局能夠替受害者伸張正義。第二、跟前一點完全相反，私刑並不是政府不介入的訊號，而是一種人民的表達方式，反映出政府當局的存在侵犯人民，並且不具有正當性。根據這種說法，私刑其實是在模仿政府的做法，因為部分地方層級的官員會做出非法暴力的行徑；但實際情況比較可能是這兩種觀點的結合。

對於研究集體暴力的學者來說，他們長久以來深受兩個問題所苦惱，分別是：一、隨著時間發展，是什麼因素造成集體暴力的程度與形式發生變化？二、參與者是如何在和平與暴力的社會互動間搖擺不定，他們為什麼這麼做？誠如我們所見，這兩個問題的答案可能取決於我們所討論的集體暴力形式。當然，全球因為糧食供應而起的動盪數量逐漸減少，這可能算是糧食生產現代化的好處。另外，雖然說有些社會運動剛開始只是和平抗議，但也可能越演越烈，變成暴力行動，不過整體跟前幾個世紀相比，目前的抗議活動已經沒那麼暴力。但凡事都有例外。二〇二一年二月一日，緬甸發生軍事政變，抗議活動截至寫書的時間為止，已造成七百多名平民死亡和數百人受傷。從這章的簡短介紹中，我們可以看到，不同形式的集體暴力之間通常環環相扣，只是我們至今尚未完全理解這之間的關聯。

第六章

暴力與國家

部分歷史學家受到德國社會學家馬克斯・韋伯（Max Weber）的啟發並認為，如果國家能夠壟斷暴力，並且變得更強大、權力更集中、體制更官僚，那麼人際暴力的情況就會減少。換句話說，國家政府有責任維護社會正義，並且負責執行對罪犯的處罰。只要國家承擔暴力行為的責任，政府就能夠降低平民百姓間的暴力水準。這是很有力的論點，表面上聽起來蠻合理的，但是這些學者並沒有完全點出暴力與國家的全面認知。同時，這個理論也只是建立假設的前提之上，認為暴力事件趨緩必須從上而下才能進行，以及那些直接受到暴力影響的人幾乎沒有話語權，甚至是完全沒有自主性來改變狀況。在韋伯提出的模型當中，公民社會並不參與控制暴力水準的過程。

在我們談論國家與暴力的角色時，還有其他論點都蠻值得一起納入考量。首先，先來討論國家，其定義是由具有組織性的政治群體組成政府，並且統治固有疆界內的領土，國家能夠降低暴力事件的發生，不過並不保證不會有暴力發生，舉凡戰爭、政治清洗或是由國家主導的種族滅絕等，都是國家降低暴力的失敗案例。國家的暴力壟斷以及國家支持的種族滅絕是十九、二十世紀的全球主要暴力行為，規模可謂空前絕後。其中包含亞美尼亞種族滅絕、蘇聯農業集體化後續帶來的大饑荒，並造成數百萬人不幸喪生、猶太人大屠殺，以及紅色高棉大屠殺等。同時，還有納粹的安樂死計畫，高達二十萬人因此死亡；美國也曾在二十世紀上半葉執行過優生學計畫，至少有七萬名女性被迫絕育。社會學家馬克・庫尼（Mark Cooney）認為，如果國家掌握的實權增加，部分類型的暴力事件的確會減少，而其他種類的暴力則變得更加不為人知。也就是說，暴力只是進化並且改變形式，不單單只有量變，而是在內容上也會產生質變。

本章將會聚焦在四大主題：殖民主義、政府批准的暴力、在戰時對付平民百姓的極端暴力，以及恐怖主義。政治暴力有很多不同的形式，包含法治外的戰爭、種族清洗、內戰、恐怖主義以及國家壓迫百姓、人民發起革命與政府鎮壓革命等；除了國家外，政治暴力還包含非國家參與者，暴力的背後動機可以是政治，也可以是為了世俗或宗教因素。我們同時也必須要區分暴力與戰爭，這兩者息息相關但卻是不一樣的現象。我們已在第五章討論過戰爭時期的性侵害情況，所以本章就不多著墨這類的暴力，我會把重點放在伴隨戰爭而來的其他暴力行徑，像是屠殺、暴行等，我還會討論種族在暴力中的角色，以及日新月異的科技所擁有的潛力，導致能夠殺害更多人，而且不論受害者是否為戰鬥人員，一律格殺勿論。當然，上述例子中不免會有一些重疊之處，但暴力的討論本來就無法劃清界線、涇渭分明。

殖民、種族與暴力

殖民的歷史長河，盤根錯節，綿延了數百年之久，而暴力在其中扮演要角。殖民暴力非常發散、層次分明並且差異極大。在正常情況下，雖然現代歐洲內部的人際暴力程度下降，但歐洲的海外殖民地卻出現暴力程度逐年增加的趨勢。暴力在殖民過程中一點都不稀有，一旦建立起殖民關係，在許多層面都會看到暴力的痕跡，包含社會、法律、經濟與性別等面向。

我們可以廣義地區分「剝削殖民主義」與「定居殖民主義」。剝削殖民主義大多是為了殖民地的資源與勞動力，一切都為殖民母國的利益著想，英屬印度就是這種類型的殖民方式；定居殖民主義則是替殖民母國得到新的領土，並且將人民送到新的土地上生活，同時也開採並蒐集資源，提供給母國使用，有許多國家都屬這類型的殖民，包含澳大利亞、紐西蘭以及非洲或美洲地區等等。所以，就本質而言，殖民就是要征服人民，以及其原有的土地、文化與法治。歐洲向外殖民的理由是要教化「野蠻人」跟「原始人」，要把文明與啟蒙帶給他們；同時，殖民者普遍也在日常生活中使用暴力，嚴格控管殖民地的原住民，因為他們認為被殖民者都很無知，但我們都知道，被殖民者的種族血統才是施暴的主要原因。歐洲人往往會認為這些原住民是害蟲，任何反抗或叛亂都會受到暴力鎮壓，一八五七年的印度譁變（Mutiny in India）就是很好的例子；另外，在歐洲或是美國的殖民歷史經驗當中，還有無數個類似的個案，殖民者都是透過不同強度的懲罰性殖民手段來無情鎮壓叛亂與騷動。

從十九世紀末一直到二十世紀，歐洲殖民列強使用一連串的暴力策略來支配世界其他地區。帝國主義國家大量使用戒嚴令、準軍事警察以及體罰來控管殖民地的原住民；那些在殖民地區反對殖民者強占土地的原住民都會被直接屠殺。當地原住民與住戶也會反抗，有時候他們的反擊並無組織性，雜亂無章。在第二次大戰之後，出現獨立戰爭（又稱為反殖民戰爭）反對歐洲列強，被殖民者發起國家運動反抗殖民者，當時，反殖民運動在非洲與亞洲遍地開花。而殖民強權對於被殖民者的種種暴行大多都沒有留下紀錄。舉例來說，小規模衝突、小型對峙或是針對區域的屠殺往往都會被忽視，或是單純不向上回報，而這些暴力行徑通常不會被認為是對原住民開戰。

事實上，目前幾乎沒有人嘗試計算歐洲與美國在殖民過程中，到底發生過多少次衝突。一八三七年至一九〇一年維多利亞女王在位期間，在所有大英帝國境內，至少就有兩百二十八起已知的武裝衝突，不過這數字絕對嚴重低估當時在殖民地發生的小型戰鬥或是游擊戰衝突的真實數量。另外，在同一時期內，光是在澳大利亞殖民地內，就有數百起小規模衝突，其中只有部分留下間接的紀錄，而其他大多都沒有發生過的痕跡。嗜血成性的殖民者也有一段歷史，記述他們當時的緘默法則。維多利亞時期的非法占地者亨利．梅里克（Henry Meyrick）在《叢林生活》（*Life in the Bush*）一書中記載當時殖民者對原住民的獵殺情形，不論男女老幼，「只要殖民者撞見他們，一律格殺勿論，我在走過的每個地方大聲抗議……使用最為強烈的語言發聲，但是這些事情都被上層壓了下來，因為一旦被告發，對殖民者的刑責絕對是絞刑。」

緘默法則並不單單只適用於澳大利亞的殖民者，在北美與南非的殖民暴力也是如此，大家對於暴力都選擇默不作聲。所有的殖民社會似乎都有一些共通的特性。首先，只要殖民者遇到原住民族，他們都選擇殺戮或屠殺，在北非，特別是在阿爾及利亞，法國軍隊使用襲擊策略（razzias），這是一種快速且殘忍的偷襲戰術，攻擊不服從的阿爾及利亞社群，並鎮壓一切抵抗的行動。在十九世紀的征服戰爭中，我們無從得知阿爾及利亞的確切死亡人數有多少人，但根據學者估計，阿爾及利亞全國的三百萬人口中，大約有五十萬至一百萬人遇害。其次，在十九世紀內，歐洲帝國向外擴張領土的野心逐漸升高，殖民地的報復行為與屠殺事件頻率也隨之升高。第三，殖民暴力的規模通常較小，殖民當地的督察往往都不知情，但是有時候也可能因為程度拿捏不當，演變成大規模暴力，殖民當局卻也明示或暗示地默許，只是有時候會在事後受到殖民母國的譴責。正如一九一九年的阿姆利則（Amritsar）慘案（又稱札連瓦拉園屠殺〔Jallianwalla Bagh〕）一樣，英屬印度軍隊向一群和平抗議者開火，造成大約一千至一千五百人傷亡。

屠殺、蠻力、消滅當地原住民，以及鎮壓所有來自原住民抵抗等方式，不外乎都是殖民者在殖民地所使用的暴力手段。但是，如同歷史學家派翠克．沃夫（Patrick Wolfe）的著名主張，並非所有旨在「消滅原住民」的策略都需要使用肢體暴力，歐洲帝國就有一系列的政策，可以用以管控原住民，像是體制性暴力或是文化脅迫等，可以直接對原住民的社群進行「瓦解」。當局使用的脅迫手段種類繁多，例如官方鼓勵異族通婚，這是世界各國殖民政府一致認定的好方法，能夠讓原住民的血脈消失，另外還有宗教轉變計畫；強制帶走原住民兒童離開原生家庭，並送到傳教所或培訓學校；以及禁止原住民使用當地語言等措施。這些計畫的最終目的是讓原住民完全融進殖民者的社群，並希望透過同化原住民，讓他們最後都變成白人大家庭的一部分。殖民國家的建立與管理過程涉及許多不同的暴力行為，不過，這裡只會特別聚焦於四種暴力。

第一，殖民地總督會在整個英法帝國的殖民地宣布戒嚴，因為這些殖民地的行為難以控制，無法透過一般的法律手段管控人民。自從十九世紀中葉開始，殖民地自治的想法逐漸傳播開來，戒嚴令則扮演更為嚴厲的角色，負責鎮壓叛亂、控制原住民族群，或是滿足殖民者的需求。例如，一八六五年，牙買加的總督愛德華．艾爾（Edward John Eyre）就使用戒嚴令的公權力，在莫蘭特灣暴動（Morant Bay Rebellion）中，流血鎮壓抗議群眾，並殺害四百三十九名抗議者；這起事件讓殖民母國的自由派人士震怒，並在三個不同的場合中，紛紛要求對艾爾總督以謀殺罪起訴，但艾爾最後仍是無罪釋放。

第二，準軍事警察廣泛使用「當地」部隊。這樣的做法讓殖民政府能夠擴大管理，管制更多民警原先無法控制的原住民社群。從這個意義上來說，雖然準軍事警察在不同殖民地內的組成背景皆不相同，但他們都是為了建立與保護帝國的經濟或政治目標，大家都有著相同的基本原則。如同歷史學家理查德・普萊斯（Richard Price）所言，殖民地的警務策略就像一個光譜，做法各有特色，有些是「溫和霸權」，有些則是「公然脅迫」，但不論如何，他們的目標一致，都是為了替當權的殖民政府執法。

第三，十九世紀的人道主義改革導致帝國不再對其國民實施鞭打懲罰，但在殖民社會當中，鞭打原住民仍然是稀鬆平常的狀況。就以南非為例，僅在一九一一年至一九一四年間，就有大約四千名男性被判處笞刑或鞭刑。有時候，受到任意處罰的受刑人會被鞭打致死，儘管這樣的狀況會在殖民母國引起道德上的憤慨，但是他們的憤怒就如同杯水車薪，並不會改變殖民者的行為，殖民者仍然會使用他們認為合適的方式去管控殖民地的工人。更廣泛地說，有些體罰的形式更為極端，例如，利奧波德二世國王（King Leopold）統治下的剛果便是如此，在當時，私刑與國家批准的暴力之間並沒有清楚的界線，砍斷工人的雙手或是四肢是很常見的處罰方式，只要沒有達成橡膠配額工作的工人就會被斷手斷腳，就連幼童也不得倖免。一八八〇年至一九二〇年間，至少有一千萬名剛果人被謀殺、過勞死或是活活餓死。整個國家彷彿變成比利時國王的個人財產，只不過暴力行為仍然是由當地官員執行，只是所有暴行都得到政府當局的默許。

體罰的觀念與灌輸恐懼皆認為嚴厲懲處是改革中的重要一環，必須要有合理的痛苦才能改正犯罪行為。有益的恐懼，也就是為了讓原住民能夠「言聽計從」而施加的暴力，正是國家合法化殖民者暴力的主要關鍵點，這樣的做法把「脅迫」變成一種必要的手段，作為安撫人心與「文明化」過程中不可缺失的重要部分。到了十九世紀末與二十世紀初，不論是得到殖民母國授權或是暗中進行，暴力行為已經是征服殖民地的普遍做法，甚至有學者認為，殖民計劃與消滅原住民兩者之間密不可分。殖民主義被影射具有屠殺的性質，並且又跟納粹的大屠殺有所聯繫，這一研究方向因而引發許多爭議性的辯論。

最後，飢餓也常常作為一種手段，用以控制當地人口數量。歷史上有三段饑荒時期，分別是一八七六年至一八七八年、一八九六年至一八九七年，以及一八九九年至一九〇二年，影響範圍甚廣，包含印度、中國、朝鮮、越南、菲律賓以及巴西等地。殖民當局在這些地區引進一項規定，每個人都只能取得維持生命所需最低限度的食糧，因而造成三千兩百萬至六千一百萬人死亡，像是一八九〇年代，德國軍隊就曾在坦尚尼亞南部系統性地摧毀田地和糧倉。部分歷史學家表示，技術性使用飢餓來控制當地人口數符合馬爾薩斯主義的經濟政策，其邏輯是因為人口數不斷超過糧食的供給量，所以必須要控制人口成長。接著，飢餓政策也傳回歐洲，協約國在第一次世界大戰時就封鎖德國的聯外交通，透過饑荒來減少德方的國家人口；事後，即便戰事已經逐漸趨緩，協約國仍繼續使用封鎖策略對德施壓，逼迫德國簽署條約，因此，德國在一九一八年，至少有四十萬人因飢餓而死。另外，我們也可以看到蘇聯或中國共產黨使用飢荒做為控制或是清除特定人口的手段，其下場觸目驚心。

集中營

我們接著討論殖民與集中營之間的連結。畢竟，集中營並不是在歐洲本地發跡，而是歐洲列強在殖民地監禁當地原住民時產生的。現代集中營的前身可以追溯回十九世紀，當時殖民當局在北美以及澳大利亞建立國家控制營，用以管理當時的原住民。這些早期控制營的環境條件與現代集中營十分相似，裡頭充滿疾病、營養不良、暴露在惡劣天氣下以及糟糕的衛生環境等，因而導致死亡率居高不下。政府通常會刻意拒絕給予協助，或是默許這樣的劣質管理方式，希望可以藉此讓原住民人口自然死光。在十九世紀末期的殖民戰爭中，我們現代所熟知的集中營變得越來越多，用以故意孤立當地人群，避免他們一起參與支援反殖民的戰爭，或是加入游擊戰行動。這種策略受到殖民者的青睞，並普遍在各殖民地中採納，包含西班牙的古巴獨立戰爭（1895-1898）、美國在菲律賓（1899-1902）、英國在波耳戰爭（1899-1902，當時還廣泛使用農業用的鐵絲網）以及德國在非洲的西南部（1904-1908）等案例。在上述各個例子當中，每個地方都至少有數萬人因為疾病或是營養不良而喪生。考量到它們出現的時間範圍，值得一問的是，這些歐洲強國是否互相學習？或者是說酷刑、強制勞動以及飢餓等這類集中營特有的做法都在同一時期獨立出現，並在世界各地遍地開花？這個問題的答案十分複雜，因為目前並沒有典型的集中營，每個集中營的性質與目的大相逕庭，從英國在南非的「集中營」到蘇聯的古拉格（gulag）、納粹在歐洲占領區的集中營系統，或是第二次世界大戰期間在美國的日本人拘留營等，他們都叫做集中營，但都有著不同的特點和目標。

在第一次世界大戰期間，集中營的使用量大幅增加。有好幾百萬名公民，包含來自敵國的外國人、被剝奪國籍的本國人，以及數百萬名戰俘全都被拘禁，他們通常處於極度惡劣的環境中，並有許多人因此死亡。在亞美尼亞的種族滅絕案中，滅絕營首次出現在世人面前。在兩次世界大戰之間，歐洲開始建造更多的集中營，用以隔離「不受歡迎的人」以及「不合群的人」，可能出於種族或是政治因素，把這些人從一般人口中脫離出來。而這通常會在歐洲的全球大帝國瓦解後發生，當時成立的民族國家想要透過新的意識形態來打造全新的社會，蘇聯的古拉格就屬於這類型的集中營，之後納粹的集中營系統也很有可能是參照古拉格而設計。目前我們並沒有關於蘇聯古拉格的相關數據，但是歷史資料顯示，他們打造出複雜的系統，其中涵蓋監獄、勞改營、勞動殖民地以及特殊定居系統等。在一九三〇年至一九五三年間，就有高達一千八百萬人曾經進入這數百個勞改營或殖民地之一，其中估計有一百六十萬人死於營區，另外還有數百萬人雖然活著離開營地，但早已奄奄一息，最後仍因健康狀況不佳而身亡；在一九二一年至一九五三年間，甚至還有八十萬人在各種掃蕩異己的行動中被處決。

在美國的大屠殺紀念館中，研究人員近期統計出一九三三年至一九四五年間由納粹所建造的貧民窟與集中營數量居然高達四萬兩千五百個，遠遠高出先前的預期。自一九四一年底開始，納粹還設置滅絕營，地點包含海烏姆諾（Chelmno）、貝烏熱茨（Belzec）、索比堡（obibor）、特雷布林卡（Treblinka）、馬伊達內克（Majdanek）以及奧許維茲－比克瑙（Auschwitz-Birkenau），在納粹的意識形態當中，種族上不受歡迎的囚犯是沒有用的，所以他們不會被拿來當作是勞動奴隸；他們仍然被迫勞動，但是目標不是要保全他們生命用以戰爭準備，而是希望讓這些受害者直接勞動致死，這些人不屬於戰爭經濟的一部分，而是要直接「浪費掉」的生命。西班牙與英國在殖民地的糧食控制策略可以說是意外，但納粹德國則是先精密計算好可以將人餓死的糧食量，並故意讓猶太人與斯拉夫人活活餓死。至少有三百萬名斯拉夫戰俘被監禁在德國的集中營內，大多都因為疾病或飢餓而死；德國方面也預計有超過一百萬名德籍戰俘死於斯拉夫的監禁中，約占總數的三分之一。

在第二次世界大戰結束後，有些國家仍然繼續使用集中營，特別用在尋求獨立的殖民地區，像是阿爾及利亞、馬來亞以及肯亞；獨裁政權也會利用集中營來孤立政治對手，例如西班牙與阿根廷；同時，新成立的國家，特別是共產政權，也會繼續使用集中營，像是中國與北韓至今仍有集中營系統，這些系統不單單只是用來對個人進行「再教育」，並作為改造社會的手段，同時還是（強迫勞動）經濟中，至關重要的一環。因此，集中營可以達成許多目的，但這也同時表明，現代國家會為了鞏固或維持權力，而願意拘禁、殺害或讓數百萬國民置之死地。雖然集中營內有數百萬人死亡，但同時也有數百萬人被槍殺或死於飢餓，這些事件都發生在歐洲的屠殺場中，例如鄂圖曼帝國、德國以及俄羅斯。

種族滅絕

從古自今，人類社會一直存在著種族滅絕。在開始針對某一種族進行屠殺前，加害者會先不把受害群體當成人類看待，例如美國印地安人、赫雷羅人

（Herero）、亞美尼亞人、猶太人以及圖西族人等，加害者習慣性認為這些人是「蝨子」、「蟑螂」或「害蟲」，並且應該直接消滅。然而，現代的種族滅絕不禁讓我們思考幾個重大的問題，例如國家的本質為何？這些國家與人民之間的關係又是什麼？

第一次世界大戰爆發前的幾年間，大規模的暴力事件大多都跟宗教或種族問題息息相關，因為各個國家都開始擁抱「民族」認同，並開始排斥他們認為的「外族」或是國家敵人。這樣的趨勢直到一戰結束後仍然持續下去，當時可能發生大規模的種族重組，也就是重新劃分國界，並產生一股新的國家動力，將政府新的國族或種族認同強加在有問題的邊境地區人民身上。這樣的狀況最早是在一九一五年夏天的鄂圖曼帝國發生，當時候聯合進步委員會（CUP）決定先驅逐亞美尼亞人，最後再將他們消滅殆盡；後來在一九二九年，史達林開始實施農地集體化政策，並助長階級戰爭的爆發，普通農民起而反對「富農」；另外，希特勒計劃要重新劃分中歐與東歐地區，不過由於一九四一年德軍敗給蘇聯軍隊，整起計畫只好作罷，不過，在一九四一年六月德方對蘇聯發動巴巴羅薩行動之前，納粹黨就已經決定對東歐進行大規模的殖民並重新安置居民，這就是所謂的「東方總計畫」（Generalplan Ost），後續造成許多人流離失所，受害人數介於三千萬至五千萬不等，而其中有許多人都因此不幸身亡。也就是說，這項計畫的最終目標就是種族滅絕，只是沒有明講而已。殘酷的事實是，在一九三三年至一九四五年間，納粹的集中營系統至少剝奪一千萬條人命，其中，許多人是死於大屠殺（Holocaust）。

種族滅絕的英文「genocide」是在一九四四年由波蘭籍的猶太裔律師拉斐爾・萊姆金（Raphael Lemkin, 1900-1959）所提出，並使用在他的著作當中，其內容是關於納粹系統性消滅一個民族或種族的政策，包含大量屠殺在歐洲的猶太人。萊姆金創造的新單字是結合古希臘文的「geno」，代表種族或部落，以及拉丁文中的「cide」，也就是殺戮的意思。這個詞本身就涵蓋「一個舊有的做法存在於現代發展」的意思，萊姆金對於「genocide」（種族滅絕）的定義如下：

「這是一項整合許多不同手段的計畫，目標在於摧毀某一民族的生命根本，藉此完全根除該族人民」。

一九四八年，世界籠罩在大屠殺的陰影之下，再加上萊姆金等人的努力，聯合國通過《防止及懲治危害種族罪公約》，將「種族滅絕」視為一種國際犯罪行為，簽署國都必須要「承諾防止和懲罰」該罪行。聯合國的「種族滅絕」定義是「蓄意全部或局部消滅某一國族、族群、種族或宗教團體，犯有下列行為之一者：一、殺害該團體的成員；二、致使該團體的成員在身體上或精神上遭受嚴重傷害；三、故意使該團體處於某種生活狀況下，以毀滅其全部或局部的生存條件；四、強制施行意圖防止該團體內成員生育的措施；五、強迫轉移該團體之兒童至另一團體。」

聯合國所提出的定義非常符合當時的時空背景，也就是受到冷戰時期的政治影響進而隨之修改訂定。當時同盟國要確保其公約的內容不會讓自身的行為也遭控訴犯下種族滅絕罪，例如他們曾使用空襲方式進行大規模的屠殺等；同時，惡名昭彰的蘇聯政權也要讓自己所做的一切壞事都與種族滅絕罪脫鉤，像是集體化、大規模驅逐或是史達林的政治清洗都不能算是犯罪行為。社會與政治的團體並不屬於定義內所規範的範圍。除此之外，不只有聯合國的定義十分模糊，上述內文中的「局部」一詞也充滿著歧義性。過去這段時間裡，專家學者一直試圖要把定義寫得更加明確（目前世界各地就有超過二十二種定義），同時殺戮的種類也必須新增其他類別，包含種族清洗、政治屠殺、人口屠殺、性別屠殺、種族屠殺以及種族滅絕大屠殺等。上述的名詞是用來區分不同種類的集體暴力行為，可以用來描述各種特定種類的大規模屠殺，但是他們的最上層的主要概念都是「種族滅絕」。

討論到種族滅絕的定義，也要討論意圖的問題。聯合國的定義中預設種族滅絕是預先策劃，並且是加害者有意而為之，但是相關的學者則是傾向使用比較廣泛的定義，認為我們也要考慮間接屠殺以及間接破壞的可能性。許多定居殖民主義的社會就是很好的例子，當時殖民者破壞殖民地的原始的居住環境，並從歐洲帶來傳染病在當地擴散，甚至會直接殺害原住民，導致當地人口急劇下降。由此可見，如果某項做法的結果看起來跟種族滅絕差不多，那這就是種族滅絕。除了討論種族滅絕的定義之外，另一個要討論的問題是，為什麼會發生種族滅絕？一名波蘭裔的社會學家與哲學家齊格蒙．鮑曼（Zygmunt Bauman）認為，「猶太人大屠殺」是現代化的產物，特別是啟蒙運動下的直接結果。鮑曼表示，極端理性會導致極權主義的興起，所以大屠殺的想法因此深植在現代的西方文明中；不過，仍然需要事先滿足諸多條件後，種族滅絕才有可能發生。而其中的先決條件包含：背後必須有強而有力的政權主導，並且在科技上與行政上都有極高的效率；同時，這必須是合理消滅過程中的一部分，並有正當的意識形態以及開創新世界的藍圖撐腰。鮑曼還強調，一旦解放大規模的政治暴力，這股力量就會自然成形，轉化成任誰都無法阻擋的動力。然而，社會學家麥可．曼恩（Michael Mann）則認為，種族滅絕通常是發生在「地緣政治不穩定」的時局以及出現「互斥的意識形態」，比較像是兩個對立的種族在爭權。因此，在過去的殖民強國以及海外的殖民地境內，民主政府或是正在進行民主化的政府會消滅或是驅逐不同種族的人，因而導致民族的同質化。無論如何，鮑曼與曼恩都認為，種族滅絕是個現代的想法，並需要意識形態框架撐腰，像是種族、宗教或是社會地位等；除此之外，國家還需要有足夠的科技實力才能夠進行大規模的屠殺行動。

話雖如此，歷史上的種族滅絕並不符合上述標準。盧安達屠殺六十萬至八十萬名不等的圖西族人（約占圖西族總人口的百分之七十五），共計花了一百天左右，但他們並沒有使用任何精密的科技，主要使用彎刀或是讓他們活活餓死而已。這類型的種族滅絕方式屬於親密人際型，透過面對面殺害對方的方式進行屠殺，我們不免感到困惑，種族屠殺居然比想像的還容易完成。另外，有些人會認為二戰期間的東方戰線也是如此，當時主要參與者是機動行刑隊以及後備警察營，這兩群人殺了至少兩百萬人，大多都是透過傳統方式進行。同樣地，柬埔寨國內大多的殺戮也是透過面對面完成，使用機關槍、衝鋒槍或步槍等。鮑曼認為種族滅絕要由意識形態主導，並透過科技來進行，不過上述例子似乎與該論述相矛盾。另一方面，過去的種族滅絕大多都是基於宗教或是種族出發，例如，十二世紀的法國殺害卡特里派（Cathars）信徒也算是種族滅絕，卡特里派是基督教的一個派別，在當時被視為異教。另外，如果不使用種族滅絕一詞，那麼十六世紀初期加勒比原住民所遭受的破壞應該要如何稱呼？由此看來，要成功定義種族滅絕絕非易事，而若要點出其發生的狀況也並不容易。

解釋戰時的殺戮與大規模暴行

個別士兵受到群體指示或國家指令時，有能力殺人是件很重要的事情。但我們該如何了解這些人是否有意願進行這麼大規模的屠殺呢？目前有許多社會科學家或是社會心理學家發表相關論述，解釋這些人在沒有受到強迫的前提下，本身就願意參與殺人活動，特別是大規模屠殺與種族滅絕行動。加害者學科（Perpetrator Studies）是正在萌芽的研究領域，目前可以大致分為三大研究理論：結構性、目的性以及情況性。結構性的解釋方式強調官僚體系在組織大規模殺戮時所扮演的角色，在這樣的框架下，個別殺手屬於位階較低的手下。就以猶太人大屠殺的例子來說，消滅猶太人已經變成一種行政問題，所以這個屠殺過程顯然不具有道德上的考量；殺戮變成行政官僚的一部分，因此該過程無關乎個人。我認為這個做法的問題是，我們預先假設行政官僚遠離人民、充滿距離感，而且這些殺人的決定都與殺人者本身無關，但我們並不清楚所看到的表面是否就是事情的全貌，目前還需要針對官僚體制的殺戮進行更深入的探究。

出於目的性或是文化性的原因進行殺戮則與前者完全相反，這類論點認為，加害者是有「選擇權」決定是否參與大規模的屠殺活動；他們通常都是發自內心參加，並且對於「殺人」充滿一定的熱情；但是原因並沒有那麼簡單。哲學家湯瑪斯・內格爾（Thomas Nagel）表示：

> 我們做的決定會受到眼前的機會與選擇所影響，而這些決定因子有很大一部分存在於我們的掌控範圍之外。如果德國的納粹黨沒有掌權，那麼負責管理集中營的某位官員原可能會選擇退隱山林，過上平和的生活。

內格爾甚至推測，納粹統治下的德國人只不過是未能夠通過公民勇氣的考驗而已。我可以想像，大多數人在同樣的情況下，應該也沒辦法通過該項測驗，只是大部分人類並不會面臨納粹執政下的德國社會情況，也不需要在「殺人」與「不殺人」之間做出抉擇。我們想要試圖理解的內容並不只是為什麼他們選擇殺人而已，我們還想知道為何有少數人會拒絕服從命令，選擇不殺人。

情況性解釋方式就是為了闡述殺人者的動機，並同時考量人們在特定環境下會產生的反應。這種方法的核心基礎就是人類行為的一致性，在這一前提下，社會科學家通常會引述部分經典實驗，例如在史丹利・米爾格蘭（Stanley Milgram）的實驗中，受試者只需要完全服從上級的指示，就能夠免除自身的一切責任；或是菲利普・津巴多（Philip Zimbardo）的實驗，受試者會過分遵從他們所在群體的所有行為等。這些實驗能否有效解釋人們所培養出的殺人心態目前未有定論，學界仍然爭論不休，但話雖如此，整個二十世紀卻是充滿著相關案例提供支持。上述的三種理論方向都說得通，但我們仍然可以試試從歷史的角度出發，聚焦大屠殺與暴行的其他面向。大屠殺並不會直接造成種族滅絕，但是種族滅絕的前提一定要有不斷增加的屠殺事件。

「屠殺」（massacre）一詞是在十六世紀的法國首次使用，源自於一位屠夫的刀子名稱「massacreur」。然而，對於構成屠殺的要件為何並沒有共識。此領域的傑出學者雅克．塞梅林（Jacques Sémelin）對於「屠殺」的定義如下：大多是一種集體的行動模式，目的在於消滅非戰鬥人員。然而，這種定義方式存在部分瑕疵，例如這並沒有考量到許多戰場上戰鬥人員與非戰鬥人員之間的分界十分模糊，並且忽略平民也可能殺死戰鬥人員的事實；同時，這也沒有解釋要有多少受害者才構成「屠殺」事件。所以，我們必須更廣泛地定義屠殺，並且把某一群體殺害另一群體的動機也納入考量，包含種族、宗教、政治或是文化動機等，其中，受害群體通常手無寸鐵，而其男女老少都可能成為受害者。

通常，屠殺或是其他大規模殺戮事件中都會有一股優越感，加害者認為自身在種族、宗教、文化或是政治上比起受害者來得有優勢；這也是屠殺主要出現在殖民地或是邊疆地帶的主要原因。而暴行的發生原因則是出自加害者的弱勢地位，換句話說，加害者害怕自身受到攻擊，才會做出暴力反應，暴力是一種防禦機制，跟自身的意識形態或是過度攻擊行為無關。殺戮可能是由下而上進行，意即軍人或殖民者替死去的同袍報仇；殺戮也可能從上而下，是一種戰略，用來對平民灌輸恐懼，使得被殖民者在反抗前會三思。在某些案例中，屠殺也可能是刻意的手段，目的在於迫使人民逃離，像是在一九四七年至一九四八年的巴勒斯坦戰爭期間，猶太軍隊就曾刻意屠殺巴勒斯坦人。

數千年來，從人類開始通力合作、有組織性地進行殺戮活動開始，戰場上的暴行就變成戰事中重要的一環；歷史上的每一支軍隊絕對都曾在戰爭時做出暴行。現代社會中所出現的屠殺事件與以往並無不同，跟過去時代中，各個國家所發生的屠殺十分雷同，同樣都是做為一種政治或是軍事工具，用以逼迫叛逆的下屬服從上層的命令。從政治或軍事的角度來看，這曾經是完全可以接受的形式，即便有時候軍方做得太超過而驚動菁英階層，這類做法仍然不曾受到質疑。歐洲一直到了十九世紀開始，軍人屠殺平民的事件才開始變得比較隱晦，不會在公共場所發生，但是軍方的暴行直到十九、二十世紀的戰場上仍然層出不窮，至今在中東的戰爭中仍時有耳聞。沒錯，只要占領方的軍隊跟平民百姓有所接觸，就很有可能會發生屠殺事件。

在現代社會中，一個人的種族或宗教通常會決定他能否在衝突中活下來，第一次與第二次世界大戰的例子便是如此。就算我們現在先不討論德國在地緣政治上的野心，第一次世界大戰仍然有很大一部分是跟中歐與東歐的民族主義以及種族衝突脫離不了關係。在德意志帝國、鄂圖曼帝國、俄羅斯帝國以及奧匈帝國瓦解後，因為高度分歧的種族與宗教而產生的各種緊張關係在充滿爭議的東歐邊界區域開始醞釀。雖然這些緊張關係早在第一次世界大戰之前就已經存在，不過仍然受到當時其他歐洲帝國列強的掌控。然而，這些區域的社會與政治在戰後仍然不太穩定，進而引發更多的政治暴力。歷史學家蒂莫西．斯奈德（Timothy Snyder）表示，如果你以北歐的愛沙尼亞為起點，並繞著南邊的南斯拉夫與烏克蘭畫出一個三角形，這三角地帶就是所謂的「血腥之地」，至少在二十世紀上半葉時，生活在這區域的人非常有可能受到暴力致死，受暴率屬世界之最。歷史學家奧姆．巴特夫（Omer Bartov）與艾瑞克．韋茨（Eric Weitz）認為，橫跨波羅的海到黑海之間的區域應該稱為「破碎之地」或是歐洲的邊緣地帶。不可否認的是，並不是所有殺戮的動機都與種族有關，有部分可以歸因於蘇聯不同的意識形態，但話雖如此，絕大部分還是出自於長久以來根深蒂固的種族仇恨。

接著是第二次世界大戰，在此一樣先將德國與日本在地緣政治上的野心擱置一旁，這場戰爭有部分也是因為種族的意識形態而爆發。像是歐洲的納粹（特別是在東歐地區）以及太平洋區域都有種族衝突。在印太地區，歐洲以及其他亞洲軍隊皆與日本為敵，因為日本人不但不把敵人當成人類看待，還認為自己高人一等，並試圖將「大東亞共榮圈」的想法強加在其他國家上，把自身所殖民的亞洲國家資源都帶往日本祖國，造成殖民地民不聊生。日本對外殖民以及對殖民地居民的不平等對待，大約造成六百萬人喪生，受害區域包含中國、朝鮮半島、馬來西亞、印尼、菲律賓以及中南半島等等。

同盟國軍隊認為日本人的態度與德國看待俄羅斯人的方式十分雷同，這兩個國家皆認為其他人是次等人類。二戰期間負責在新幾內亞指揮澳大利亞軍隊的將軍托馬斯·布萊梅（Thomas Blamey）向弟兄官兵喊話，表示他們的敵人「外表像人，實際上卻只是隻猴子或害蟲，是未開化的存在，我們必須要殲滅他們，才得以維護文明。」而這樣高漲的情緒也在美國傳遍開來，大家都對珍珠港事件與政府的懦弱回應感到忿忿不平，我們甚至可以看到許多人將敵人頭骨上的肉刨下來並用熱水煮熟當成是紀念品。同盟國軍隊在太平洋戰區「蒐集」敵人的耳朵、骨頭、牙齒以及頭骨，把這些東西當成紀念品或是戰利品，部分軍人寫下的回憶錄中表示，這樣的做法十分普遍；而日軍在中國也做出類似的行為。雖然說歐洲的軍人並沒有做出類似的行徑，但是德軍仍然有蒐集戰利品的習慣，他們會將羞辱、殺戮或屠殺猶太人的過程拍攝下來，並蒐藏這些照片。

圖6的照片顯示一位二十歲的女性，名叫娜塔莉·尼克森（Natalie

Nickerson），正在看著一顆骷髏頭，據報這是一位日軍生前的頭骨，是娜塔莉的男朋友在太平洋戰區服役時，從新幾內亞寄回來給她的禮物。這個骷髏頭是殘忍戰區的專屬幽默嗎？戰場上的男人是否都透過這樣的幽默來化解戰爭的恐懼？或說這是他們驍勇善戰的驕傲象徵？我們並不知道該名日軍是誰，也不清楚他的遺骨是怎麼落入海軍上尉的手裡，更不明白圖中年輕女子對於整件事的真實想法為何。這些「蒐集者」是否需要清理砍下來的頭顱，將臉上的皮肉刨得一乾二淨？我們並不知道這個頭骨的去向，事實上，我們也不明白這名年輕女子的下落，當然對於寄送頭骨給她當「禮物」的男子也沒有其他資訊。我們唯一知道的就是，這張照片的攝影師是拉爾夫．克蘭（Ralph Crane），《生活》雜誌（*Life Magazine*）將該照片選為一九九四年五月刊的「本週最佳相片」，相片描述寫道：

二十歲的娜塔莉．尼克森是亞利桑那州鳳凰城的戰爭工廠工人；兩年前，她高大英俊的海軍上尉男友離別前曾答應她，會送給她一個日本鬼子當禮物。上

圖 6　娜塔莉．尼克森注視著日軍的骷髏頭。

週，娜塔莉收到一個人類頭骨，上頭有她上尉男友以及其他十三位朋友的簽名，並且留言：「這顆小日本頭骨很不錯，是我們在新幾內亞海邊，從陣亡日軍上取下來的。」娜塔莉收到禮物後大吃一驚，並將該骷顱頭命名為「Tojo」。《生活》雜誌明確指出，軍隊強烈不贊同這類的行為。

在歐洲，許多德國人都沈浸在自身是優等民族的意識形態當中，並且起身與斯拉夫人和布爾什維克人戰鬥，在納粹的觀念中，布爾什維克主義就是猶太人的意識形態，所以這場戰爭可以說是種族殲滅戰；東方戰線的死傷人數之多，讓其他戰場的規模與破壞性望塵莫及。同盟國的總傷亡人數，包含平民與軍人，涵蓋太平洋戰區與歐洲戰區共計一百五十萬人，雖然這樣的傷亡已經十分慘烈，但德國總共犧牲了一千萬人；蘇聯更是有兩千七百萬人死亡，其中大多都是平民，相比之下，同盟國的死亡人數可說是小巫見大巫。法國在戰爭期間死亡的人數占了戰前人口數的百分之一；波蘭的死亡人數約占總人口的百分之十六至二十之間，大大小小的波蘭家庭或多或少都直接受到戰爭的波及。在法國與荷蘭境內，分別只有一個城鎮被納粹的武裝黨衛隊夷為平地。相較之下，俄羅斯境內至少有三千座村莊被直接夷平，這數字還不包含現今烏克蘭或其他東歐國家領土內的狀況。東歐受到極大的傷害，就先前才剛經歷過蘇聯政治暴力與大饑荒而言，這無疑是雪上加霜。

如果你認為東方戰線在二戰期間所遭受的屠殺與暴行只是偶然，那就大錯特錯，這類的極端暴力在戰事中再正常不過。圖7的照片刊登在《生活》雜誌中，是美國戰地攝影師羅納德・海伯勒（Ronald L. Haeberle）在一九六八年越南的美萊村屠殺中拍攝；圖中顯示大多是女性與孩童遭棄屍街頭。戰地記者西摩・赫什（Seymour Hersh）在發生大屠殺事件後一年左右，在美聯社（Associated Press）上刊登這起事件，各大報章雜誌媒體也很快地開始報導此事。就我們所知，在美軍主導的所有屠殺案件中，美萊村絕對是最為慘忍的一樁事件，而其他還有多起屠殺不為人知，或是未向當局回報。在研究屠殺事件時，大家通常都把重心放在受害者，那加害者到底在想什麼呢？美軍的一等兵瓦納多・辛普森（Varnado

圖 7　1968 年 3 月，發生在越南的美萊村屠殺照片。

Simpson）是一名美國黑人士兵，他曾參與美萊村屠殺，當時有三百四十七名越南平民遭到威廉．卡利二世（William L. Calley Jr.）中尉率領的C排槍殺身亡；有些女性先被輪姦後再殺害，她們的屍體也都四肢不全。辛普森在晚年公開坦承這些行徑，也因為罪惡感而在一九九七年選擇輕生。

但並不是所有的殺手都會有同樣的反應或感到愧疚，也不會每個加害者都跳出來公開承認他們所犯下的罪行與所見的一切。例如，一位紅色高棉時期的獄警曾在家中受訪，採訪過程中，他還不斷安撫膝上強褓中的嬰兒。過去至少有七名孕婦死在他手裡，他還遭指控使用農具殺害兩千餘人。但在採訪當天，這名男子在自己家中含飴弄孫，看起來和顏悅色，就跟其他高棉的農民沒有兩樣。然而，他手下的受害者都心知肚明，這位獄警就是殺手。根據傳記作家羅伯．葛沃斯（Robert Gerwarth）的描述，納粹黨內負責協調猶太人大屠殺行動的萊因哈德．海德里希（Reinhard Heydrich）「是一位心思極為細膩的小提琴家，他的演奏十分纖細、充滿感情，能夠深刻感動所有聽眾」。這個敘述可能沒有造假，但是近期的研究顯示，在東歐發生大規模事件的前、中、後都有納粹的武裝黨衛隊以及輔助警務人員自願參與其中，加害者在黃湯下肚後紛紛開始強姦受害者，並對其進行性羞辱與酷刑凌遲。

恐怖轟炸

針對平民百姓的暴行在二十世紀十分常見，而且都是系統性地執行。例如，盟軍在第二次世界大戰期間針對平民城市進行破壞，例如德勒斯登、漢堡、東京、廣島以及長崎等。雖然軍隊自古以來就會對城市進行圍城與轟炸，但二十世紀初期所發明的飛機讓交戰雙方能夠以前所未有的方式，直接從遠處轟炸城市。一八九九年，第一次海牙和平會議確立攻擊平民城市的基本準則；從那時開始，歐洲各國的軍隊就都拿殖民地開刀，讓自身的空戰技術更趨完備，不只殺害殖民地的平民，甚至破壞他們的家園、作物、動物以及生計設備等。

一九一一年，義大利人投下人類史上第一枚從飛機上空投的炸彈，目標是的黎波里（Tripoli）境內的土耳其野外軍營；同年，法國軍隊也向摩洛哥空投炸彈。第一次世界大戰結束後，許多國家都曾體驗過「恐怖轟炸」，一九二〇年代駐軍在的伊拉克和阿富汗西北邊境內的英國、在衣索比亞的義大利，以及在內戰期間，駐紮西班牙的德國等等，都試過空投炸彈的威力，其爆炸物質包含光氣與芥子氣等。「恐怖轟炸」最初目的在於打擊平民的士氣，但這個目標從未達成；事實上，這種轟炸方式被用來盡可能地炸死人民。在二戰期間，「恐怖轟炸」的使用率達到高峰，在德國境內就造成三十萬至六十萬名平民死亡。許多英國人都贊成對德國城市進行報復性轟炸，希望可以將所有超過十萬人口的城市徹底夷為平地。日本也曾經受到類似的攻擊，許多美國人都熱切地支持轟炸日本城市，有些人甚至贊成直接把全部的日本人都殲滅。到了現代，人民已經普遍不接受使用空襲方式進行大規模的殺戮，話雖如此，在冷戰期間（甚至現在仍然如此）還是存在著全體人類滅亡的可能性，只是現在已經改成使用所謂的智慧炸彈或無人機等方式，對軍事目標進行精準轟炸。

目前有兩種方式可以幫助了解發生在二十世紀上半葉的大規模屠殺事件。第一種是將每一起事件拆開來看，使用特定的歷史背景進行解讀，例如不同的時間或空間等，最後再將其解釋為個別民族世界史或是特定文化下的產物。第二種方式則是將大規模屠殺視為全歐洲同時發生的事件，穿越國界，並有許多不同人種的參與，這種檢視方式比較注重屠殺的形式，而非脈絡；這也是研究種族滅絕的學者在討論大規模屠殺的相關理論時常常採用的方式。上述兩種方法都說得通，而且都能得出十分有趣的見解。

恐怖主義

在現代社會中，如果國家政府能夠主導極大規模的殺人活動，那麼組織團體當然也能夠利用暴力，透過恐怖主義來達成自身的政治、宗教或意識形態上的目標。對於想要顛覆或暴力推翻現有社會秩序的革命人士或恐怖份子來說，他們全都將暴力轉換成一種神聖，甚至是崇高的手段；這狀況可以在無政府主義者、馬克思主義者、聖戰士以及西方武裝部隊身上看到。願意犧牲對手的革命鬥士或自由戰士、為了自身理想而殺人的自殺炸彈客，以及西方國家隨時可以使用武力推翻政權（例如阿富汗和伊拉克）以實踐民主改革等，這些人都將暴力視為一種實現公平正義的必要手段，而非「邪惡」的做法。極端的政黨以及組織都樂意使用暴力來達成目標，但往往會殃及無辜百姓，事實上，在這種創建全新、美好社會的抗爭過程中，平民百姓大多會成為攻擊目標。

所以，什麼是恐怖主義？在過去兩百年間，「恐怖主義」一詞出現非常巨大的轉變。一直到十九世紀，「恐怖」（terror）一詞只能用來形容國家對個人實施的行為，例如法國大革命時期的恐怖統治，或是引人注目的公開處決等。到了一八七〇與一八八〇年代，該詞的用法出現改變，當時「恐怖主義」與「恐怖份子」都拿來形容俄羅斯的無政府主義者，他們試圖推翻沙皇政權。隱密、暴力、政治與革命，恐怖開始變成由下而上發起，而非來自上層政府。在二十世紀，最符合上述暴力種類的團體包含阿爾及利亞的抵抗運動份子、愛爾蘭共和軍與巴勒斯坦解放組織（PLO）以及這些團體所產生的分支組織，像是德國的紅軍派（Red Army Faction）或是義大利的赤軍旅（Red Brigades）等。十九、二十以及二十一世紀恐怖份子的不同之處是，早期恐怖份子的目標在於政治菁英，後期則鎖定一般大眾。巴勒斯坦解放組織曾經捲入較為著名的恐怖攻擊事件，像是一九七〇年曾狹持並引爆四架飛往紐約與倫敦的班機以及一九七二年的慕尼黑慘案等。恐怖主義同時充滿政治性與戲劇性。無論如何，由國家所主導的恐怖會一直存在，例如奧古斯圖・皮諾契特（Augusto Pinochet）統治下的智利等，只要世界上有獨裁政權或獨裁者，恐怖就會透過暴力或恐嚇出現。

「恐怖主義」一詞通常帶有負面涵義，往往是各國政府拿來貶低不同形式的政治異己，或曲解針對政府和資本主義的各種偏激攻擊。激進的素食主義者與反墮胎的維權戰士有時候會用「種族滅絕」一詞來形容動物的工業化養殖，並且偷襲養豬場或是屠宰場；部分保守派人士認為這些人的行徑就跟「恐怖份子」沒什麼兩樣。上述兩派人士的發言都屬無稽之談，他們這樣做可能會鼓勵社會大眾誤用或是濫用各種暴力相關的詞彙。「恐怖主義」這個詞可做為描述性的詞彙，也可以是分析的範疇，但正如一則古老諺語「我為自由而戰，他人卻道我是恐怖份子」（one man's freedom fighter is another man's terrorist）所顯示出的，要客觀定義這個詞可說是難如登天。恐怖份子並不會說自己是恐怖份子，這是旁人所賦予的名稱。然而，有些人認為我們或許可以根據國際法或原則來定義恐怖主義，根據傳統戰爭中什麼行為可以接受、什麼不可以接受來界定。這個範圍非常廣泛，從暗殺公眾人物到隨機攻擊平民（例如二〇〇四年馬德里爆炸案、二〇〇五年倫敦爆炸案、二〇〇八年孟買的攻擊案以及二〇一五年的巴黎攻擊案等）都屬其中。但是，定義上還是存在部分問題，現在學界偏向排除國家參與者主導的攻擊事件。借用美國哲學家諾姆．喬姆斯基（Noam Chomsky）的話來說，我們很難找到一種定義方式，既能排除我方對他人實施的恐怖行為，又能夠把對方對我方做出的行為算成恐怖攻擊。

政府會使用並誇大恐怖主義的威脅，藉以通過相關立法，限制人民的自由，這樣的做法時有所聞。例如，澳大利亞從二〇〇一年開始，已經花費數十億美元的公帑加強「國家安全」以及加入「反恐戰爭」，但全國總共只有十二人是因為恐怖攻擊相關事件而不幸喪生，其中有些人的死因還不確定是否與恐怖攻擊有關，上列數字並不包含二〇〇一年九月十一日[1]喪命的十名澳洲公民以及二〇〇二年峇里島爆炸案中的八十八名澳籍死者；然而，與此同時，至少有超過八百名女性與兩百五十名男性因為家暴事件身亡，而政府卻只有編列七億美元來解決這類的社會問題。在其他工業國家也都可以看到類似的情況。二〇〇〇年至二〇一八年間，全英國只有一百二十六人死於恐怖攻擊相關事件，而政府卻每年投注二十六億英鎊的經費在「國家安全」上；而在同一時期內，英格蘭與威爾斯就有一千八百七十人因為家暴而死，另外還有四百人因為家庭暴力問題而選擇輕生。毫無疑問的是，雖然我們無法明確得知這樣做到底拯救多少無辜的性命，但世界各國的國安部門都已經粉碎恐怖份子的相關企圖。然而，可能有人會問，就以死亡人數的差異來看，政府回應這兩個問題（恐怖主義與家暴）的方式是否符合比例原則？這又會回到先前的問題，為何有些形式的暴力就會被認為是比較糟糕？同時，政府部門、媒體以及社會大眾是如何對不同種類的暴力進行程度分級？為什麼這樣分類？

恐怖組織就跟革命團體一樣，他們會有「敵我分明」的心態，而選擇鎮壓的政府也有一樣的想法，他們都會排除所有不隸屬於該團體的人。雖然十九世紀的恐怖組織主要都使用刀具、槍械以及炸藥來進行攻擊，並且「為自己的理想宣傳」，但二十一世紀的恐怖攻擊已經沒那麼簡單，死傷規模都屬於前所未見。無論如何，恐怖攻擊的重點還是在於散播「恐怖」。二〇〇二年的峇里島爆炸案奪走兩百零二條人命，並造成數百人受傷；二〇〇四年的馬德里三一一連環爆炸案共計造成一百九十一人死亡，至少一千八百人受傷；二〇〇五年倫敦七七爆炸案導致五十二人不幸喪生，傷者更是超過七百人；而在二〇〇八年十一月的孟買連

1. 譯按：美國九一一事件。

環恐怖襲擊中，至少有一百七十四人身亡，三百人受傷。二〇一五年一月，恐怖組織博科聖地（Boko Haram）攻擊奈及利亞的巴加（Baga）小鎮，並殺害至少兩千人；同年，該組織攻擊巴黎，造成一百三十人喪命，四百九十四人受傷。在西方的報章媒體中，關於上述兩起攻擊事件的報導篇幅可說是天壤之別，各家報社大量報導巴黎的攻擊事件，再再顯示出西方社會只對於特定的暴力受害者「感同身受」。

我知道這樣說不好，但是我們可以從這些案例中看出，恐怖主義的確就是一個成本效益極高的方式對抗強大的敵人，通常是針對國家政府。要帶走數百條人命的成本並不高，只需要簡單的炸藥或一把槍就能搞定，例如二〇一九年三月十五日，紐西蘭的基督城就曾發生清真寺槍擊案，造成五十一人死亡，四十人受傷；另外，殺人也可以透過一台卡車完成，像是二〇一六年在法國的尼斯就曾出現一起所謂的「孤狼式襲擊」事件，一位心事重重的年輕男子開著一台卡車衝撞正在慶祝巴士底日（Bastille Day）[2]的群眾，造成八十六人死亡，逾數百人受傷。然而，成功的恐怖組織並不只有孤狼式的襲擊方式，他們需要先進的科技以及純熟的溝通技巧，更不用說他們還要仰賴社群扶持。因此，恐怖組織通常都是受過良好教育且家境優渥的武裝份子所組成。這些人往往會發展出具有階級制度、專業分工，以及軍事化的團體，就跟現代的行政官僚一樣有著嚴謹的組織結構。他們通常會有宣傳部門，負責招募新血，並替自己殘忍濫殺無辜的行為辯護。在某些恐怖組織中，宗教也可能扮演要角，例如蓋達組織就是如此，不過現在仍有許多辯論，討論蓋達組織的成員是否都因為宗教信仰才做出暴力行為，還是有些人的行動是出於政治動機。「新恐怖主義」泛指有宗教介入的恐怖主義，這類攻擊跟以往十分不同。自稱與伊斯蘭有關的恐怖組織會把「殉教」當作是重要的概念，儘管在《古蘭經》中可以找到「暴力聖戰士」或「殉教烈士」的基礎神學解釋，但在散播恐怖的方式中，這仍然屬於相對較新的做法。

2. 譯按：又稱為法國國慶日。

現代的恐怖份子的行為有一些共通之處，例如通常是在眾目睽睽下展現暴力，像是劫機、暗殺公眾人物、斬首救助人員或進行自殺式炸彈攻擊等；另外，他們往往將目標指向平民，並希望能夠造成大部分的老百姓陷於恐懼之中；同時，恐怖份子也可能動搖政府運作。發生恐怖攻擊的原因以及恐怖份子的犯案動機各不相同，就像同一激進政治團體中，每個人都有自己的想法。和其他種類的暴力一樣，整體脈絡是關鍵。政治學家大衛．拉波博（David Rapoport）曾經整理出現代恐怖主義的「四次發展」：一八九〇年代至一九一四年的「無政府主義浪潮」；一九二〇年代至一九六〇年代的「反殖民浪潮」；一九六〇年代至一九九〇年代的「新左派運動」，以及從一九七九年伊朗人質危機開始至今的「宗教浪潮」。在這樣的發展中，恐怖主義的目標從打擊握有實權的菁英，轉變成製造大規模傷亡。

我個人認為，第五波發展浪潮現在正蠢蠢欲動，那就是「右翼極端派」。聯合國安全理事會下的反恐委員會發表一份報告並指出，二〇一五年至二〇二〇年間全球右翼恐怖攻擊事件數量大幅上升。大多數的攻擊都發生在西方國家，例如紐西蘭的基督城攻擊事件（二〇一九年三月）、美國艾爾帕索（El Paso，二〇一九年八月），以及德國哈勒（Halle，二〇一九年十月）跟哈瑙（Hanau，二〇二〇年二月）等城市。馬里蘭大學的全球恐怖主義資料庫顯示，在二〇一五年至二〇一九年間，美國境內就發生三百一十起恐怖攻擊事件，造成三百一十六人死亡，其中大多都跟右翼極端份子有關。這儼然成為了國際問題。

戰爭的死亡人數下降了嗎？

自從一八六二年美國軍人在內戰期間首次使用格林機關槍，一直到一九五二年的熱核武器測試，戰場上的殺敵能力已經大幅提升。在這九十年的時間內，全球歷經了一戰在戰場上所部署的毒瓦斯，以及二戰在滅絕營中使用的毒氣，更不用說之後化學和生物武器的發展與飛機對平民百姓的「地毯式轟炸」跟低空掃射等行為。還有其他武器紛紛問世，例如坦克車、火焰噴射器、汽油彈（透過火焰或其他方式將敵人一舉殲滅）、魚雷、潛艇還有最近的無人機等，這些都能夠輕易造成嚴重的傷亡。

人們通常認為化學武器只有在第一次世界大戰中才使用過，但事實並不是如此，「燃燒彈」本身也算是一種化學武器，在二戰中所奪走的人命遠大於一戰，大約有三十五萬人在二戰期間因為火焰風暴而窒息致死，相較之下，一戰中使用的燃燒彈只奪走九萬條性命，更別提在二十一世紀的中東的衝突中，還可以看到燃燒彈的部署。有趣的是，在第二次世界大戰期間，交戰國雖然擁有最新研發的神經毒氣，卻沒有國家使用；這可能算是早期互相威嚇的例子。一九二一年的華盛頓會議明文禁止在戰爭期間使用毒氣，但是在戰間期還是會有人提出不同想法，例如後來成為軍事歷史學家的貝爾福德．哈特上尉（Captain B. H. Liddell Hart）就表示，毒氣比起子彈或炸藥算是相對「人道」的武器，並暗示這是比較符合成本效益，可以用來鎮壓殖民地的叛亂者。

我們可以透過與兩次世界大戰有關的數字來瞭解殺戮的規模。第一次世界大戰的傷亡人數是九百七十萬人。在西線戰場的衝突主要都是可怕的炮火交鋒，數以百萬計的炮彈在戰壕上空來回飛越；以德國來看，該國所發射的火炮數量超過二・二億發。而戰爭中有六成的死亡人數都是因為各種炸彈或砲彈所造成，因此還產生新的詞彙——「砲彈恐懼」（shell shock）。這是對現代戰爭結果進行心理分析的濫觴，最後該狀況被認定為創傷後壓力症候群。

在二十世紀，受傷後獲得醫療照護的等待時間降低與醫療水準的提升，大大降低了死亡率。對於參與一戰的美國軍人來說，他們受傷後得到醫療照護的平均時長是十二至十五小時，整體死亡率為百分之八・五；到了第二次世界大戰，受傷後到接受治療的等待時間降低至六至十二小時，死亡率也降至百分之五・八。韓戰通常被認為是創傷照護開始出現重大進展的時期，軍人受傷後只需要二到四小時就可以得到醫治，死亡率也大幅減少到百分之二・四。在越戰時期，受傷後的治療等待時間只需要一至兩個小時，死亡率大該落在百分之二・六。在二十一世紀上半葉，美軍開始與中東國家爆發衝突時，軍隊可以在三十至九十分鐘內就運送到戰鬥支援醫院；同時，自二戰結束以來，全球每年的戰爭死亡人數都有所下降，只有少數幾次的峰值，大多都是因為韓戰（一九五〇至一九五三年）、越戰（一九六〇年代中期至一九七〇年代中期）以及一九九〇年代巴爾幹地區和前蘇聯共和國之間的衝突所導致。在過去一百年間可以看出，因為戰爭而死亡的非戰鬥人員數量大幅增加。在第一次世界大戰中，共計有一千萬人死亡，其中大約有一成是平民百姓；而非戰鬥人員的死亡人數在二戰期間則向上躍升，在五千多萬名死者當中，就有高達五成是一般老百姓，平民的死亡人數也從此居高不下。其中一次最慘烈的可怕案例或許可以說是剛果民主共和國的戰爭（1996-2003），在數百萬名的受害死者中，至少百分之九十是非戰鬥人員。

《人類安全報告》的研究結果顯示，自第二次世界大戰結束以來，戰爭的數量有持續增加的趨勢。一九四六年至二〇〇八年期間，每年爆發的戰爭數量穩步上升，到了一九九〇年代初期，已超過五十場戰爭（一九四六年至二〇〇一年間有二百二十五場武裝衝突，其中一百一十五場的爆發時間落在一九八九年至二〇〇一年的十二年內）。一九九〇年代後期，衝突的數量減少了四成左右，很大一部分與巴爾幹地區與蘇聯解體後的衝突結束有關；接著，在美國九一一事件發生後，衝突的數量又開始增加。不過，自一九九〇年代的高峰以來，現在戰爭的數量已經至少降低三分之一，但目前仍有持續進行中的小衝突，其數量是二戰結束後到一九五〇年代中期戰爭數總和的兩倍以上，大約跟越戰期間的戰爭數旗鼓相當。一九四五年至今，發生內戰的頻率似乎有所增加，而國與國之間戰爭則變得越來越不常見。史蒂芬・平克（Steven Pinker）[3]等學者認為這個世界的戰爭正逐漸減少，但從上述的情況來看，事實並非如此。當國家政府不能完全控制暴力機制時，結果可能是災難性的。

還有，是什麼原因讓個人也想代替國家參與集體暴力行為？或是恐怖份子為

3. 譯按：主張暴力程度下降的學者。

何要反抗國家？有人會說，把人類的殺人動機概括而論對我們來說沒有什麼實質的幫助。兇手殺人可能是為了投機、追求名利，或是種族歧視；也有可能涉及到榮譽的問題或受到扭曲的責任感；他們也有可能是出於宗教或是意識形態的信仰，但也可能是上述因素的綜合影響。根據我們在過去幾個世紀中所觀察到的，所有人在合適的情況下，如果文化、社會、宗教和政治環境成熟，都有能力做出暴力行為，甚至可能會犯下暴行。我們這裡所說會有暴力行徑的不單單只是年輕氣壯的男子，而是介於各個年齡層的男女老少皆有可能。女性跟男性有一樣的能力對受害者施以暴行，像是集中營的部分警衛就是女性。至於女性施暴的規模不及男性一事，我認為這是因為暴力通常與畸形的男子氣概觀念掛鉤所導致。然而，這仍然衍生出一些問題，像是在歷史的演進過程中，我們真的有任何大幅度的變化嗎？還是說，殺戮能力是一種常態，每個人其實都會殺人，只是要在合適的情況下才會彰顯出來呢？

第七章

暴力本質的改變

在這類型的通識讀本中，一定還會有很多內容沒有辦法涵蓋，像是系統化的結構性暴力與體制上的暴力。而階級、貧窮、性別、種族等社會因素一直都會是個問題，可能會引發生理上或情緒上的暴力行為。部分歷史學家表示，目前沒有實證經驗顯示現代經濟、現代國家、現代禮儀、或現代科學對於人類的暴力傾向有長遠的影響。相反地，這些學者認為，隨著現代社會組織的興起，集體暴力的規模會急劇增加；而人際暴力的特質基本上並無任何變化。也就是說，如果國家發展地越成功，暴力行為的發生率就會愈低。但是，如果國家建設失敗，暴力的發生率就會增加。也有人認為國家增加對人民的掌控，像是公開處刑等特定形式的暴力就會減少，而家暴這類的暴力行為也不會在光天化日之下進行。目前有部分跡象顯示，性別化暴力以及人際暴力在某些國家中逐年增加。同時，聯合國的二〇一六年報告也指出，現今出現暴力衝突的國家數量是過去三十年來的新高。

誠如我們所見，雖然國家的確可以減少暴力事件，但二十世紀裡出現最嚴重的暴力罪行都是由國家主導的，例如集中營、古拉格，還有為了消除政治或是種族「敵人」的暴力活動等等；但是二十世紀的大屠殺事件並不能歸咎於單一意識形態或是某種特定的國家形式。民主國家跟獨裁專制國家其實並無不同，只要國內發生任何可能會危害政權的事件，政府都很有可能直接採取暴力手段壓制，也很有可能會做出種族清洗與種族大屠殺等暴力行徑；至少在十八、十九世紀是這個樣子，而就目前來看，二十世紀跟二十一世紀的民主國家反而沒有先前那麼暴力。儘管如此，意識形態在第二次世界大戰期間仍然扮演極為重要的角色，用來負責定義戰爭時的攻擊的目標，像是共產主義、法西斯主義以及納粹主義等，因此，意識形態對於殺戮程度帶來巨大的影響。

如果國家的官方政策可以煽動暴力，那麼暴力社群或是「亞國」（sub-state）政治實體也同樣能夠做出許多暴力行為，在這情況下，國家或是政府當局可能完全沒有辦法掌控這些群體；這類情形在殖民地時常發生，甚至有時候在戰區也是如此，國家政府都無法掌握暴力，相關例子可以在二戰期間的東部戰線中看到。另外，一九四七年的印巴分治也有類似的情形，在這場人類史上最大的遷徙事件當中，數百萬名穆斯林跋涉前往西巴基斯坦以及東巴基斯坦（現今的孟加拉國），而另外還有好幾百萬名印度教徒與錫克教徒背道而馳，往另一個方向移動；這過程中，有數萬人並沒有成功走到目的地，而在路途上命喪黃泉。

對於人際暴力來說，要準確地統計這類暴力的數量幾乎不太可能，因為這些暴力事件都比較私密，特別是家暴、虐童、性侵害以及強姦等，主要的因素是這些暴力的受害者並不太會向當局回報，所以政府數據可能嚴重低估實際情況。我們的族裔、社會階層或是性別決定我們是否會在現今世界經歷到暴力事件，同時也會決定我們在不同的人生時間點，是否會遭受到更多或是更少的暴力攻擊。做為一個中產階級的白人，如果是生活在富裕的社會當中，這輩子幾乎不可能遭遇到任何暴力行為。然而，其他地方的人可就沒那麼幸運了。

在本書的最後，我想再次跟大家討論現代社會才出現的不同暴力類型，以及有哪些做法或是制度在過去可以接受，但現代人卻覺得是暴力行為。監禁就是一個很好的例子，這種制度幾乎不會被當成暴力行為；而是一種相較於死刑來說，比較人道的處罰方式，但事實並非總是如此。全球目前大約有九百萬至一千萬人身陷囹圄，其中有半數的人在美國、中國與俄羅斯，而他們在獄中的狀況極差，生理上跟心理上都受到很大的折磨；監獄裡頭的肢體暴力與性暴力事件時有所聞。在許多西方國家中，像是澳大利亞、英國、法國以及美國等，大多數遭到監禁或是被警方殺害的受害者往往是少數族群，數量上通常占大多數；澳大利亞對於原住民的監禁率更是位居全球之冠。

現代的人口販運已經不至於終身控制他人自由，而且通常跟當代的移民運動有關，但這種行為仍然被當成是有害的暴力活動。根據國際勞工組織（ILO）以及自由行走基金會（Walk Free Foundation）的最新統計資料，全球至今至少有四千萬人「因為被詐騙或是暴力脅迫，所以被迫勞動，他們的收入只能勉強維持生計，並沒有其他額外報酬」；這就是國際勞工組織口中所說的「全球化的陰暗面」。在所有的人口販運事件中，約莫三成是性奴隸，其他七成左右的受害者則是被迫工作。現在對於奴隸或是人口販運受害者的預估統計資料落差很大，其計算方式都取決於估值的方法以及對於奴隸的定義，但有一份預估顯示，受害人數可能高達一億人，男女老少都有，但我們無法得知確切資訊。大部分的人口販運事件都發生在亞洲，特別是在柬埔寨、中國、寮國、緬甸、泰國以及越南的大湄公河地區更為盛行。至於奴隸受害者，我們可以確定的是，現代社會的奴隸數量比過去任何時代都還要多，甚至比黑奴販賣時期還多。隨著時代發展，現代人有更多使用奴隸的需求，用來生產更多便宜的貨品以及從事廉價性交易。

而在電子遊戲產業或是虛擬空間中，我們也可以發現暴力色情化已經成為主流。除此之外，網路也已經成為虐待氾濫的平台，除了針對人類女性之外，如果任何媒體中有女性角色，通常都還會涉及暴力威脅、性侵害或是其他肢體暴力等。因為人們可以匿名躲在螢幕背後，所以網路上常常可以看到公開羞辱或是污辱的行為，而針對女性的暴力行為也因此在網路上猖獗。這樣看來，當眾羞辱或是公開污辱並沒有完全消失在世界上，而是以新的樣貌示人。雖然男性在網路上也會被騷擾，但目前女性仍是主要的受害者。女性所遭受的騷擾本質往往涉及性別歧視與厭女主義，網路上對於女性的攻擊也都帶有性色彩，而且經常會提到女性的身體。國際特赦組織進行的一項研究顯示，黑人女性是線上霸凌的主要受害者，她們在有侮辱性或是有問題的推文當中，提及率比白人女性高出百分之八十四，完全不符合比例原則；相較於白人女性，其他有色人種的女性也都很有可能成為線上攻擊的目標。因為推特不願意公開任何數據，所以我們並無法得知線上霸凌的規模有多大。這有什麼重要？「報復色情」、網路騷擾以及網路霸凌等，都可能會對受害者的現實生活產生影響，造成焦慮、憂鬱、創傷後壓力症候群等心理問題，同時也可能帶來其他生活上的影響，例如藥物或酒精濫用、自殘甚至是輕生等狀況。

極度暴力的電腦遊戲或所謂的「酷刑色情片」等特殊影片是否也會帶來相同的影響？在視覺媒體中，我們可以看到過度裸露、高度色情以及極端暴力的描繪，過去幾年來，這些媒體的數量逐漸增加並變得更加殘忍。這是人性矛盾的一部分。人類可以對真實暴力感到厭惡，卻又深受幻想暴力所吸引；這可以歸因於文化與人腦、生物學以及行為之間的交互作用。神經歷史學或許能夠提供解答。而這建立在一個前提之上，即情緒可以影響神經化學物質的反應方式。我們所做、所見、所感受的一切事物都會對情緒產生影響，也就是說，文化可能會對我們的心裡產生作用，而心裡也可能會影響文化。這是一切相關討論的核心，希望我們都能夠思考暴力情況發生的原因以及過程。

在細數暴力的同時，我們可以把範圍延伸到人類對於環境以及動物界所造成的影響。因為人類行為所出現的環境災害與動物大規模滅絕也都算是一種慢性暴力，是慢慢疊加的過程，而不是突然爆發。這是一種結構性與系統性的暴力，通常也可能造成更為顯著的暴力活動，像是戰爭等；同時，在部分地區發生的生態浩劫與種族滅絕也存在著部分連結。人類為了食用肉品而殺害許多動物，甚至還會毫無節制奪取海洋資源，目前供人類食用而亡的動物數量已經達到歷史新高。人類的環保意識逐漸抬頭，工業化養殖動物或是獵捕並食用野生動物也開始被視為是種暴力行為。目前要取得全球畜牧業年度屠宰量的確切數字非常困難，不過聯合國糧食與農業組織（FAO）在二〇〇四年的估計表示，每年類似工廠的動物加工中心會屠宰上億隻動物，包含馬、羊、牛、小牛、山羊、火雞以及兔子，另外還有數十億隻禽類遭到屠殺，包含鴨跟雞。

不論我們所面臨的暴力形式為何，我們都必須要有更詳細、更準確的統計資料，才能夠帶來社會或政治上的變革，並且可以做為廣泛社會意識的依據。社會意識可以引起社會運動，並改變人民的態度，我們就能夠共同迎接一個比較和平的世界。換句話說，我們與暴力互動的方式、選擇記住或是忘記的內容、要聚焦迫切社會與政治議題中的何種面向、以及我們選擇忽略的東西等等，都是動態且不斷改變的文化、政治與社會現象。然而，在人類的歷史長河中，始終存在著暴力行為的蹤跡，橫跨個人、社區與國家層面，無論這些行為是否得到當局批准，它們都持續存在。暴力行為所帶來的影響會生生世世提醒人們，如同普利摩・李維（Primo Levi）所言，這些暴力行為會刻在人們心中，或是讓整體社會不斷共同回憶；暴力行為所帶來的恐懼陰影將永遠常存在人類的生活裡。

致謝

首先，我想要感謝馬克・伊代爾（Mark Edele）、彼得・罕潘斗（Peter Hempenstall）、麥可・翁達傑（Michael Ondaatje）以及伊莉莎白・蘿柏絲（Elizabeth Roberts-Pedersen）無私地提供許多寶貴的評論與建議，使本書內容更加完善。同時，我也要感謝匿名的評論者，他們無私且友好的協助，大大提升內文的品質。我也要特別向我的內人致謝，感謝安德雅（Andrea）閱讀我的文稿，並且幫忙修正錯誤。謝謝喬登・貝維斯（Jordan Beavis）提供李德・哈特（Liddell Hart）的所說的話讓我引用。謝謝牛津大學出版社的同事，安蒂亞・基根（Andrea Keegan）、珍妮・努基（Jenny Nugee）、盧西亞娜・奧弗萊蒂（Luciana O’Flaherty）以及亨利・克拉格（Henry Clarke），在本書付梓過程提供協助。謝謝兩位編輯，愛德文（Edwin）與傑奇．普理查（Jackie Pritchard）讓本書得以成為牛津通識讀本系列的一份子。本書部分介紹可歸功於其他作者，例如本書第一章對於「暴力」的學術討論、第二章關於他殺的內容、第六章中早期殖民暴力的相關論述等，引用資訊都寫在本書最後的參考文獻以及推薦閱讀書目當中。

在二〇一九年下半年，我很幸運能透過傅爾布萊特計畫（Fulbright）到美國伊利諾大學香檳分校（UICU）擔任資深學者，感謝學校當時對我盛情款待，也讓我有機會能夠有新的嘗試，並把新的想法都記錄下來。謝謝馬克．米可爾（Mark Micale）當時負責聯繫工作。我也非常榮幸能夠成為訪問學者，在二〇二〇年的希拉蕊學期（譯按：英國、愛爾蘭部分學校特有學制，約等於每年的一月到三月）在牛津大學萬靈學院進行研究，暫告教學工作，讓我能夠反思並且研究「暴力」。本書的架構主要根據我過去幾年在大學部開課的大綱，班上學生提出的問題幫助我釐清討論的脈絡，也讓我意識到先前對於「暴力」的認識可能沒有這麼直觀。如果不是這門課還有當時學生們的問題，我也不會有機會從不同面向出發，深度探討暴力的本質，這些討論讓我有所啟發，也希望學生們跟我一樣收穫滿滿。

參考資料

第一章：暴力的過去與現狀

- Warren Brown, *Violence in Medieval Europe* (Harlow: Longman Pearson, 2011).
- D. R. Carrier and M. H. Morgan, 'Protective Buttressing of the Hominin Face', *Biological Reviews*, 90 (2015), 330–46.
- Francisca Loetz, *A New Approach to the History of Violence: 'Sexual Assault' and 'Sexual Abuse' in Europe, 1500–1850* (Leiden: Brill, 2015).
- Hisashi Nakao, Kohei Tamura, Yui Arimatsu, Tomomi Nakagawa, Naoko Matsumoto, and Takehiko Matsugi, 'Violence in the Prehistoric Period of Japan: The Spatio-temporal Pattern of Skeletal Evidence for Violence in the Jomon Period', *Biology Letters*, 1 March 2016, <https://doi.org/10.1098/rsbl.2016.0028>.
- Pieter Spierenburg, 'Violence: Reflections about a Word', in Sophie Body-Gendrot and Pieter Spierenburg (eds), *Violence in Europe: Historical and Contemporary Perspectives* (New York: Springer, 2008), 13–25.

第二章：親密與性別化暴力

- Goerge K. Behlmer, 'Deadly Motherhood: Infanticide and Medical Opinion in Mid-Victorian England', *Journal of the History of Medicine and Allied Sciences*, 344 (October 1979), 403–27.
- Joanna Bourke, *Rape: A History from the 1860s to the Present* (London: Virago, 2007).
- Joanna Bourke, 'The Rise and Rise of Sexual Violence', in Philip Dwyer and Mark Micale (eds), *The Darker Angels of our Nature: Refuting the Pinker Theory of History and Violence* (London: Bloomsbury Academic, 2021).
- Shani D'Cruze, *Crimes of Outrage: Sex, Violence and Victorian Working Women* (DeKalb, Ill.: Northern Illinois University Press, 1998).
- Lisa Hajjar, 'Religion, State Power, and Domestic Violence in Muslim Societies: A Framework for Comparative Analysis', *Law & Social Inquiry*, 29/1 (Winter

2004), 1–38.

- Michelle T. King, *Between Birth and Death: Female Infanticide in Nineteenth-Century China* (Stanford, Calif.: Stanford University Press, 2014).
- J. Robert Lilly, *Taken by Force: Rape and American GIs in Europe During World War II* (Basingstoke: Palgrave Macmillan, 2007).
- Amy Dellinger Page, 'Gateway to Reform? Policy Implications of Police Officers' Attitudes Towards Rape', *American Journal of Criminal Justice*, 33/1 (May 2008), 44–58.

第三章：人際暴力

- Mark Cooney, 'The Decline of Elite Homicide', *Criminology*, 35/3 (1997), 381–407.
- Arne Jansson, *From Swords to Sorrow: Homicide and Suicide in Early Modern*

Stockholm (Stockholm: Almqvist & Wiksell, 1998).

- Randolph Roth, *American Homicide* (Cambridge, Mass.: Belknap Press of Harvard University Press, 2009).
- James Sharpe, *A Fiery & Furious People: A History of Violence in England* (London: Random House, 2016).
- Gerd Schwerhoff, 'Criminalized Violence and the Process of Civilisation: A Reappraisal', *Crime, Histoire & Sociétés/Crime, History & Societies*, 6/2 (2002), 103–26.
- Robert Shoemaker, 'The Decline of Public Insult in London, 1660–1800', *Past and Present*, 69/1 (2000), 97–131.
- Richard Slotkin, *Regeneration through Violence: The Mythology of the American Frontier 1600–1860* (Middletown, Conn.: Wesleyan University Press, 1973).
- Pieter Spierenburg, *A History of Murder: Personal Violence in Europe from the*

Middle Ages to the Present (Cambridge: Polity, 2008).

第四章：神聖與世俗

- Marcus A. Doel, *Geographies of Violence: Killing Space, Killing Time* (Los Angeles: SAGE, 2017).
- V. A. C. Gatrell, *The Hanging Tree: Execution and the English People, 1770–1868* (Oxford: Oxford University Press, 1996).
- Lela Graybill, *The Visual Culture of Violence after the French Revolution* (Farnham: Ashgate, 2016).
- Mark Juergensmeyer, *God at War: A Meditation on Religion and Warfare* (New York: Oxford University Press, 2020).
- Randall McGowen, '"Making Examples" and the Crisis of Punishment in Mid-Eighteenth-Century England', in David Lemmings (ed.), *The British and their*

Laws in the Eighteenth Century (London: Boydell and Brewer, 2005), 182–205.

第五章：集體暴力

- Micah Alpaugh, *Non-Violence and the French Revolution: Political Demonstrations in Paris, 1787–1795* (Cambridge: Cambridge University Press, 2015).
- William Beik, 'The Violence of the French Crowd from Charivari to Revolution', *Past & Present*, 197 (2008), 75–110.
- Gema Kloppe-Santamaría, 'Lynching and the Politics of State Formation in Post-Revolutionary Puebla (1930s–50s)', *Journal of Latin American Studies*, 51/3 (2019), 499–521.
- Charles Tilly, 'Collective Violence in European Perspective', in Ted Robert Gurr (ed.), *Violence in America: Protest, Rebellion, Reform*, 2 vols (Newbury Park,

Calif.: SAGE, 1989), ii. 62–100.

第六章：暴力與國家

- Noam Chomsky, 'Terrorism, American Style', *World Policy Journal*, 24/1 (1 March 2007), 44–5.
- Mark Cooney, 'From Warre to Tyranny: Lethal Conflict and the State', *American Sociological Review*, 62 (1997), 316–38.
- Robert Gerwarth, *Hitler's Hangman: The Life of Heydrich* (New Haven: Yale University Press, 2012).
- Jonas Kreienbaum, 'Deadly Learning? Concentration Camps in Colonial Wars Around 1900', in Volker Barth and Roland Cvetkovski (eds), *Imperial Co-operation and Transfer, 1870–1930: Empires and Encounters* (London: Bloomsbury Academic, 2015), 219–36.

- B. H. Liddell Hart, 'Gas in Warfare, More Humane than Shells', *Daily Telegraph*, 15 June 1926.
- Benjamin Madley, 'Patterns of Frontier Genocide 1803–1910: The Aboriginal Tasmanians, the Yuki of California, and the Herero of Namibia', *Journal of Genocide Research*, 6/2 (2004), 167–92.
- Michael Mann, *The Dark Side of Democracy: Explaining Ethnic Cleansing* (Cambridge: Cambridge University Press, 2005).
- M. M. Manring et al., 'Treatment of War Wounds: A Historical Review', *Clinical Orthopaedics and Related Research*, 467/8 (2009), 2168–91.
- Thomas Nagel, 'Moral Luck', in George Sher (ed.), *Moral Philosophy: Selected Readings* (Fort Worth: Harcourt Brace College Publishers, 1996), 441–52.
- Amanda Nettelbeck, 'Flogging as Judicial Violence: The Colonial Rationale of Corporal Punishment', in Philip Dwyer and Amanda Nettelbeck (eds), *Violence,*

Colonialism and Empire in the Modern World (Cham: Palgrave Macmillan, 2017), 111–30.

- Richard N. Price, 'The Psychology of Colonial Violence', in Philip Dwyer and Amanda Nettelbeck (eds), *Violence, Colonialism and Empire in the Modern World* (Cham: Palgrave Macmillan, 2017), 25–52.
- Jacques Sémelin, *Purify and Destroy: The Political Uses of Massacre and Genocide*, translated by Cynthia Schoch (New York: Columbia University Press, 2007).
- Patrick Wolfe, 'Settler Colonialism and the Elimination of the Native', *Journal of Genocide Research*, 8/4 (2006), 387–409.

延伸閱讀

近年來，有關暴力歷史的研究逐漸增加，反映出學者對這一主題更加專注的興趣。由 Philip Dwyer 和 Joy Damousi 編輯的四卷本 *Cambridge World History of Violence* (Cambridge: Cambridge University Press, 2020) 是進入這一領域的良好起點，每一章節都提供進一步的閱讀建議，第四卷則專門談論現代世界。Dwyer 在二〇一七年發表的論文〈Violence and its Histories: Meanings, Methods, Problems〉，收錄在 *History & Theory*, 56/4 (2017), 5–20，簡要論述了有關撰寫歷史上的暴力時所涉及的一些問題，可以與 Peter Imbusch 的文章〈The Concept of Violence〉一起閱讀，該文收錄於 Wilhelm Heitmeyer 和 John Hagan 所編撰的兩卷本 *International Handbook of Violence Research* (Dordrecht: Kluwer Academic, 2003) 第一卷，13-39 頁。Siniša Malešević 的 *The Rise of Organised Brutality: A Historical Sociology of Violence* (Cambridge: Cambridge University Press, 2017) 從社會學的角度探討暴力。關於史前戰爭和暴力的辯論，可參見 Andrea Dolfini, Rachel J. Crellin, Christian Horn 和 Marion Uckelmann 的〈Interdisciplinary Approaches to Prehistoric Warfare and Violence: Past, Present, and Future〉，收錄在

A. Dolfini 等人編輯的 *Prehistoric Warfare and Violence* (Berlin: Springer, 2018)。至於過去的暴力程度的辯論，可參考 Philip Dwyer 和 Mark Micale 編的文章集 *The Darker Angels of our Nature: Refuting the Pinker Theory of History and Violence* (London: Bloomsbury Academic, 2021)，該書還提供有關暴力的近期著作的詳細目錄。

Nancy Lombard 編輯的 *The Routledge Handbook of Gender and Violence* (London: Routledge, 2018) 與 Rosemary Gartner 和 Bill McCarthy 編的 *The Oxford Handbook of Gender, Sex, and Crime* (Oxford: Oxford University Press, 2014），提供了關於性暴力主題的全面介紹。關於強姦的歷史，可參閱 Georges Vigarello 的 *A History of Rape: Sexual Violence in France from the 16th to the 20th Century* (Malden, Pa: Polity Press, 2001)。對於兒童的性暴力，維多利亞時代尤其嚴重，最好的相關研究之一是 Louise A. Jackson 的 *Child Sexual Abuse in Victorian England* (London: Routledge, 2000)。關於美國兒童性暴力的研究，請參閱 Stephen

Robertson 的 *Crimes against Children: Sexual Violence and Legal Culture in New York City, 1880–1960* (Chapel Hill, NC: The University of North Carolina Press, 2005)。關於殺嬰，請參閱 Mark Jackson 編撰的 *Infanticide: Historical Perspectives on Child Murder and Concealment, 1550–2000* (Aldershot: Ashgate, 2002)。除了男性對男性的強姦之外，關於戰爭中的強姦也有許多深入研究，包括：Dagmar Herzog 編輯的 *Brutality and Desire: War and Sexuality in Europe's Twentieth Century* (Basingstoke: Palgrave Macmillan, 2011)、Edward B. Westermann 的 *Drunk on Genocide: Alcohol and Mass Murder in Nazi Germany* (Ithaca, NY: Cornell University Press, 2021)、Yuki Tanaka 的 *Japan's Comfort Women: Sexual Slavery and Prostitution During World War II and the US Occupation* (London: Routledge, 2002) 以及 Dara Kay Cohen 的 *Rape during Civil War* (Ithaca, NY: Cornell University Press, 2016).

除了在參考書目中提到的 Spierenburg 和 Roth 之外，關於兇殺的辯論和方法的概述可在 Philip Dwyer 的文章 Violent Death 中找到，該文章收錄在 Peter N.

Stearns 編輯的 *The Routledge History of Death Since 1800* (New York: Routledge, 2020)，第 63–76 頁。更詳細的閱讀清單可以在 *Cambridge World History of Violence* 第三、第四卷中找到。關於歐洲兇殺的歷史，可參考 Manuel Eisner 的〈Long-Term Historical Trends in Violent Crime〉，該文刊於 *Crime and Justice*, 30 (2003), 83–142。關於自殺，請參閱馬 Marzio Barbagli 的著作 *Farewell to the World: A History of Suicide* (Cambridge: Polity, 2015)。

關於冷戰時期，特別是在阿根廷，酷刑和失踪者的歷史，請參閱 James P. Brennan 的 *Argentina's Missing Bones: Revisiting the History of the Dirty War* (Berkeley; University of California Press, 2018) 以　及 Federico Finchelstein 的 *The Ideological Origins of the Dirty War: Fascism, Populism, and Dictatorship in Twentieth Century Argentina* (Oxford: Oxford University Press, 2014)。關於酷刑的更一般性探討，請參閱 J. Jeremy Wisnewski 的 *Understanding Torture* (Edinburgh: Edinburgh University Press, 2010)；雖然更側重於美國，但 W. Fitzhugh Brundage

的 *Civilizing Torture: An American Tradition* (Cambridge, Mass.: Harvard University Press, 2018) 也很值得參考。關於英格蘭的犯罪和懲罰歷史，請參閱 James Sharpe 的 *A Fiery & Furious People: A History of Violence in England* (London: Random House, 2016)。關於歐洲的死刑史，請參閱 Richard Evans 的 *Rituals of Retribution: Capital Punishment in Germany, 1600–1987* (Oxford: Oxford University Press, 1996) 以及 Pieter Spierenburg 的 *The Spectacle of Suffering: Executions and the Evolution of Repression. From a Preindustrial Metropolis to the European Experience* (Cambridge: Cambridge University Press, 2008)。關於宗教和暴力，Mark Juergensmeyer、Margo Kitts 和 Michael Jerryson 編的論文集 *The Oxford Handbook of Religion and Violence* (Oxford: Oxford University Press, 2016) 是一個很好的起點。關於極端暴力與宗教之間的關係，請參閱 Mark Juergensmeyer 的 *Terror in the Mind of God: The Global Rise of Religious Violence* (Berkeley: University of California Press, 2003)。關於自焚，請參閱 K. M. Fierke 的 *Political Self-Sacrifice: Agency, Body and Emotion in International Relations* (Cambridge: Cambridge University Press, 2013)。

Charles Tilly 的 *Collective Violence* (Cambridge: Cambridge University Press, 2003) 是經典之作。關於革命的概述可以在 Jack A. Goldstone 的 *Revolutions: A Very Short Introduction* (Oxford: Oxford University Press, 2114) 中找到。關於俄羅斯的暴動，請參閱 Elissa Bempora 的 *Legacy of Blood: Jews, Pogroms, and Ritual Murder in the Lands of the Soviets* (New York: Oxford University Press, 2019)。關於美國的私刑，可以在 Michael J. Pfeifer 刊於 *Journal of American History* 的論文〈At the Hands of Parties Unknown? The State of the Field of Lynching Scholarship〉中找到綜合的文獻回顧。關於美國的黑人叛亂，請參閱 Peter Levy 的 *The Great Uprising: Race Riots in Urban America during the 1960s* (Cambridge: Cambridge University Press, 2018) 以及 Elizabeth Hinton 的 *America on Fire: The Untold History of Police Violence and Black Rebellion since the 1960s* (New York: Liveright, 2021)。關於戰爭中暴力減少的可能性，請參閱 Joshua S. Goldstein 的 *Winning the War on War: The Decline of Armed Conflict Worldwide* (New York: Dutton, 2011)。關於戰爭中對平民的轟炸，參見 A. C. Grayling 的 *Among the Dead Cities: Is the Targeting of*

Civilians in War Ever Justified? (London: Bloomsbury, 2006) 與 Alexander B. Downes 的 *Targeting Civilians in War* (Ithaca, NY: Cornell University Press, 2012)。

有關集中營，參見 Dan Stone 的 *Concentration Camps: A Short History* (Oxford: Oxford University Press, 2017)。對俄羅斯集中營系統的詳細分析可在 Anne Applebaum 的 *Gulag: A History* (New York: Doubleday, 2003) 中找到。近期具有爭議性的修訂著作是 Golfo Alexopoulos 的 *Illness and Inhumanity in Stalin's Gulag* (New Haven: Yale University Press, 2017)。Nikolaus Wachsmann 的 *A History of the Nazi Concentration Camps* (New York: Farrar, Straus & Giroux, 2016) 詳細介紹了納粹集中營系統。有關種族滅絕的文獻非常廣泛，但 Eric D. Weitz 的 *A Century of Genocide: Utopias of Race and Nation* (Princeton: Princeton University Press, 2003) 和 Benjamin A. Valentino 的 *Final Solutions: Mass Killing and Genocide in the Twentieth Century* (Ithaca, NY: Cornell University Press, 2004) 提供很好的概述。關於體罰，Guy Geltner 的 *Flogging Others: Corporal Punishment and Cultural*

Identity from Antiquity to the Present (Amsterdam: Amsterdam University Press, 2014) 提供了精彩論述。有關殖民主義和暴力的文獻也非常廣泛，雖然通常會專注於特定地區或帝國，比較知名的研究包括 Adam Hochschild 的 *King Leopold's Ghost: A Story of Greed, Terror and Heroism in Colonial Africa* (Boston: Houghton Mifflin, 1999)、Mike Davis 的 *Late Victorian Holocausts: El Nino Famines and the Making of the Third World* (London: Verso, 2002)、JJ. P. Daughton 的 *In the Forest of No Joy: The Congo–Ocean Railroad and the Tragedy of French Colonialism* (New York: W. W. Norton, 2021)、以及 Caroline Elkins 的 *Legacy of Violence: A History of the British Empire* (New York: Knopf Doubleday, 2022)。關於恐怖主義的全面調查包括 David C. Rapoport 編撰的四卷本 *Terrorism: Critical Concepts in Political Science* (New York: Routledge, 2006)、Bruce Hoffman 的 *Inside Terrorism* (New York: Columbia University Press, 2006) 以及 Carola Dietze 和 Claudia Verhoeven 編的 *The Oxford Handbook of the History of Terrorism* (Oxford: Oxford University Press, 2014)。

關於美國的監禁制度，請參閱 Elizabeth Hinton 的 *From the War on Poverty to the War on Crime: The Making of Mass Incarceration in America* (Cambridge, Mass.: Harvard University Press, 2016)。關於生態災難與種族滅絕之間的關係，請參閱 Emmanuel Kreike 的 *Scorched Earth: Environmental Warfare as a Crime against Humanity and Nature* (Princeton: Princeton University Press, 2021)。關於現代奴隸制度，請參閱 Kevin Bales 的 *Disposable People: New Slavery in the Global Economy* (Berkeley: University of California Press, 1999)。

國家圖書館出版品預行編目(CIP)資料

暴力：特定文化與政經環境下的集體認同 / 菲力普 . 德懷爾 (Philip Dwyer) 著；顏冠睿譯 . -- 初版 . -- 臺北市：日出出版：大雁文化事業股份有限公司發行 , 2023.09
224 面；14.8*20.9 公分
譯自：Violence : a very short introduction
ISBN 978-626-7261-90-3(平裝)
1.CST: 暴力
541.627 112014101

暴力：特定文化與政經環境下的集體認同

Violence : A Very Short Introduction

作　　者　菲力普 · 德懷爾 Philip Dwyer
譯　　者　顏冠睿
責任編輯　李明瑾
封面設計　萬勝安
內頁排版　陳佩君
發 行 人　蘇拾平
總 編 輯　蘇拾平
副總編輯　王辰元
資深主編　夏于翔
主　　編　李明瑾
業　　務　王綬晨、邱紹溢
行　　銷　廖倚萱
出　　版　日出出版
地址：台北市復興北路 333 號 11 樓之 4
電話（02）27182001　傳真：（02）27181258
發　　行　大雁文化事業股份有限公司
地址：台北市復興北路 333 號 11 樓之 4
電話（02）27182001　傳真：（02）27181258
讀者服務信箱 andbooks@andbooks.com.tw
劃撥帳號：19983379 戶名：大雁文化事業股份有限公司
初版一刷　2023 年 9 月
定　　價　380 元

ISBN 978-626-7261-90-3